L'expérimentation philosophique et littéraire de la nature

La Philosophie en commun

Collection dirigée par Stéphane Douailler, Jacques Poulain, Patrice Vermeren

Nourrie trop exclusivement par la vie solitaire de la pensée, l'exercice de la réflexion a souvent voué les philosophes à un individualisme forcené, renforcé par le culte de l'écriture. Les querelles engendrées par l'adulation de l'originalité y ont trop aisément supplanté tout débat politique théorique.

Notre siècle a découvert l'enracinement de la pensée dans le langage. S'invalidait et tombait du même coup en désuétude cet étrange usage du jugement où le désir de tout soumettre à la critique du vrai y soustrayait royalement ses propres résultats. Condamnées également à l'éclatement, les diverses traditions philosophiques se voyaient contraintes de franchir les frontières de langue et de culture qui les enserraient encore. La crise des fondements scientifiques, la falsification des divers régimes politiques, la neutralisation des sciences humaines et l'explosion technologique ont fait apparaître de leur côté leurs faillites, induisant à reporter leurs espoirs sur la philosophie, autorisant à attendre du partage critique de la vérité jusqu'à la satisfaction des exigences sociales de justice et de liberté. Le débat critique se reconnaissait être une forme de vie.

Ce bouleversement en profondeur de la culture a ramené les philosophes à la pratique orale de l'argumentation, faisant surgir des institutions comme l'École de Korcula (Yougoslavie), le Collège de Philosophie (Paris) ou l'Institut de Philosophie (Madrid). L'objectif de cette collection est de rendre accessibles les fruits de ce partage en commun du jugement de vérité. Il est d'affronter et de surmonter ce qui, dans la crise de civilisation que nous vivons tous, dérive de la dénégation et du refoulement de ce partage du jugement.

Dernières parutions

Lucas GUIMARAENS, *L'écriture poétique comme patrimoine immatériel de l'humanité*, 2022.

Graciela FERRÁS, *L'indianisme en Amérique latine : Ricardo Rojas*, 2022.

Horacio GONZALEZ et Patrice VERMEREN, *Paul Groussac. La langue de l'émigré,* 2022.

Carlos DEL VALLE ROJAS, *L'ennemi, Production, médiatisation et globalisation*, 2022.

Irma Julienne ANGUE MEDOUX, *La philosophie comme esthétique culturelle*, 2022.

Serguei Panov

L'expérimentation philosophique et littéraire de la nature

L'Harmattan

Du même auteur

« Shakespeare et la poétique de l'expérimentation : réflexion chronique et imaginaire littéraire », *in La dimension mondiale de William Shakespeare*, Tours, Editions Vaillant, 2016, pp.163-168.

« Le développement de la littérature russe dans l'horizon de la prosopopée judéo-chrétienne », *in L'art comme figure du bonheur*, Paris, L'Harmattan, 2014, pp. 343-363.

« Tolstoï et Dostoïévski : la dynamique des consciences et ses projections idéologiques », *in Bulletin de l'AICL*, n°5, Tours, Vaillant, 2017, pp. 49-64.

« De Bataille à Deleuze : l'expérience post-moderne du désir ou l'usage chamanique de la prosopopée judéo-chrétienne », *in Cahiers critiques de philosophies*, n°18, Paris, Hermann, 2017, pp.29-55.

« Stanislavski's language in Fomenko's theatre », *in Stanislavski Studies*, London, Routledge, 2018, pp. 1-8.

« Schelling et Proust : la sensibilisation de la raison et la vie de la conscience », *in Cahiers critiques de philosophie,* n°20, Paris, Hermann, 2018, pp. 29-54.

« L'anthropobiologie du langage de Jacques Poulain et la raison littéraire », *in Cahiers critiques de philosophie*, n°21, Paris, L'Harmattan, 2019, pp.24-30.

5-7, rue de l'Ecole-Polytechnique, 75005 Paris

http://www.editions-harmattan.fr

ISBN : 978-2-14-030030-1
EAN : 9782140300301

Introduction

La théodicée de Leibniz fit parler le monde par le meilleur des dieux créateurs. Sa prosopopée est pourtant restée une philosophie d'exercice perspectiviste. Elle n'était pas encore expérimentale au sens des Lumières car elle ne pouvait pas encore imposer la visualisation comme seul critère de la véracité du connaissable. Sa philosophie s'est dévaluée parce qu'elle se contentait de constater les effets de la synthèse passive au niveau de la perception monadique (*perceptio*) et de l'appétit *(appetitus)* comme volonté d'enchaîner des perceptions.

Elle était une réponse à l'insuffisance des natures cartésiennes et spinozistes qui refoulaient toutes deux les effets traumatisants de l'incertitude provoquée par l'expérimentation totale de l'homme entreprise depuis la Renaissance. Celles-ci étaient dominées par l'automatisme des stimulations affectives et des réflexes vérificationels d'une conscience qui n'obtenait les conditions de la véracité de son expérience qu'en reflétant les contenus de ses actes de connaissance. Par contraste avec elles, la nature régulatrice de Leibniz se révèle comme constituant le développement infini des multiples monades qui ne peuvent qu'imiter les traits essentiels de l'Absolu, c'est-à-dire leur perception d'elles-mêmes et leur tendance à produire par elles-mêmes des changements dans ces impressions.

La nature expérimentatrice des Lumières transforme la nature régulatrice de Leibniz en fondant leur transfert expérimental dans la pensée elle-même, c'est-à-dire dans une intuition originaire produisant des perceptions stimulantes où sont mis en doute tous les résultats antérieurs du travail explorateur de l'homme ainsi que les conditions mêmes de cette expérimentation. Le blocage dans l'interrogation sur la cogniscibilité du réel et la crise de la conscience qui en découle permettent à la pensée de se situer comme filtre des pures conventions réglant toute expérience possible, c'est-à-dire comme forme *a priori* de la sensibilité, des catégories de l'entendement et des idées régulatrices de la raison (chez Hume et chez Kant).

Quand l'idée de la nature comme monde cohérent et transcendantalement unifié dans l'expérience passe par les modes de filtration et d'objectivation de la connaissance, de la réflexion et de la volonté (Kant, Fichte, Schelling, Hegel), elle voit se perdre toute sa valeur. On commence alors à forger une prosopopée de la nature de type post-transcendantal. Il s'agit dans ce cas d'une nature réfléchissante et pulsionnelle, celle que développera Nietzsche. La philosophie de la vie émerge comme prosopopée de la nature, comme une pure réactivité de la force vitale qui ne fait que saisir son propre devenir en se contentant de refléter le caractère de sa propre croissance. Le réactivisme affirmatif propre à une force vitale fait surgir les courants de la pensée postontologique du XXème siècle chez Bataille, Blanchot, et Derrida. On voit l'aliénation et l'objectivation de la force vitale dans sa relation à elle-même après que soit survenue la mort de Dieu comme dévaluation radicale des valeurs.

Pour les représentants de la tradition post-ontologique, il faut pouvoir dépasser le deuil du « dernier homme », qui collecte en lui-même l'ensemble de tous les réflexes téléologiques de la conscience réactive. Cela dit, on passe à un réactivisme oublieux de soi où les impulsions venues de la nature affective se convertissent en réflexes de la conscience et provoquent des orientations aveugles de la perception et de la volonté du seul fait qu'elles se reflètent dans un esprit de réflexion mimétique.

Chapitre 1

Diderot : Le langage du désir, l'écriture de la nature, les schèmes de l'imagination, le transfert de l'expérimentateur

La poétique de Diderot est le résultat de la tradition littéraire et intellectuelle qui a été créée par la Renaissance. Elle inspire la recherche de régulatifs intérieurs nécessaires pour régler la connaissance, la conscience et le comportement dans un horizon d'incertitude cognitive et morale produit par l'expérimentation universelle que l'être humain fait du monde et de lui-même. La vérité expérimentale de l'existence humaine est établie par Diderot à travers le témoignage que l'auteur donne du destin que rencontre un héros dans sa recherche de la connaissance de lui-même et dans ses formes d'activité. Ce témoignage exprime « les épreuves » infinies d'une nature humaine dans le développement de ses capacités perceptives, cognitives, pragmatiques et dans sa conscience morale face au dévoilement expérimental des régulatifs de sa nature intérieure et de la nature extérieure.

Le langage du désir s'impose comme expression essentielle de l'être humain dans l'existence. Il constitue le programme philosophique de Diderot qui réfute tant le dogmatisme positif que le nihilisme de la connaissance. L'argument philosophique de Diderot s'ouvre dans les dialogues et les lettres, au cœur desquels s'exprime un mouvement de pensée révélant la grande incertitude dans laquelle le laisse la connaissance. Le fantôme de Diderot – « l'écriture aveugle » – signifie qu'on procède à un enregistrement automatique de la « voix de la nature » (la voix de l'Autre). Ses conclusions sont directement saisies par l'expérimentateur et provoquent une réflexion infinie pouvant chercher à se surmonter par le schématisme du dialogue et selon la structure du motif.

Le schème d'imagination des Lumières fait dépendre les capacités cognitives des conditions de l'expérience sensible. Cette hypothèse conduit à un transfert de l'expérimentateur : comme un appel qui s'ajuste lui-même à son Autre, il demande constamment une liberté « de penser ce qu'il me plaira de son ancien et premier état [de la nature] »[1] pour croire ce qu'il veut (cf. « Lettre sur les aveugles ») sur la condition initiale de l'Univers. Puis il transfère sa liberté absolue dans une confirmation magique de son désir : dans un impératif final ou dans une exclamation dont les effets stimulants pour la connaissance humaine ne peuvent se stabiliser qu'à travers les formes *a priori* de la sensibilité et de l'entendement ainsi qu'à travers les idées de la raison. Esquissant ainsi le projet critique de Kant.

Dans l'expérimentation délibérée de la nature humaine, la création de soi signifie un contre-transfert constant permettant aux êtres humains de se créer à l'image de la nature productrice. Je ne me crée dans la demande que j'adresse à l'Autre en opérant une ascèse absolue de la pensée, qu'en me dispensant de la nécessité de juger des conditions objectives de mon existence, c'est-à-dire qu'en mimant la nature dans sa créativité infinie : en me

---

[1] Diderot D., *Lettre sur les aveugles à l'usage de ceux qui voient* in *Œuvres complètes*. Texte établi par J. Assézat et M. Tourneux, Garnier, 1875-77, Tome I, pp. 279-342.

produisant comme automatisme de la connaissance qui s'effectue du seul fait d'avoir perçu la stimulation aveugle qu'a opérée sur moi un doute expérimentateur.

L'écriture littéraire se base sur une transformation des impulsions de la nature affective en reflets de la conscience. Ceux-ci agissent comme orientations vers le bien, en se réfléchissant de façon quasi-stoïcienne, c'est-à-dire de façon encore aveugle à leur rapport à soi aperceptif. S'y tente une stabilisation schématisante de ces reflets de la conscience dans la formule magique d'une volonté de puissance, dans un principe quasi-objectif de comportement auquel on prête une valeur universelle. Shakespeare marque ce commencement de l'époque expérimentale dans la culture littéraire de la Renaissance.

Après Boccace et avec Décaméron, l'on voit déjà s'avancer la légende d'une communauté de chercheurs qui dégagent expérimentalement des régulatifs du comportement humain du seul fait que ceux-ci produisent un effet convaincant sur un interlocuteur. Le fameux monologue du prince Hamlet révèle, chez Shakespeare, les moments structuraux de l'expérimentation verbale, imaginative et réflexive, de l'homme abandonné à lui-même en l'absence des causes divines productives : construit à leur propre image, l'homme se produit comme réflexion et volonté, en faisant abstraction du contexte vital et social. En ressort :

1) le dilemme initial (*to be or not to be*) qui traduit une abolition des conditions de l'être responsable et la naissance d'une conscience réflexive délibérée, une transformation de l'existence en une multitude indéfinie d'impulsions primaires ;

2) le développement d'une série intellectuelle de pensées sur les probabilités de l'existence : elles apparaissent comme les effets réfléchis de l'action aveugle de la nature affective sur la conscience réactive, qu'on

constate sans avoir à juger de leur objectivité (de lutter contre, d'être en accord, de s'humilier ou d'en rêver) ;

3) s'ensuit enfin une déchéance de la conscience dans une réflexion chronique qui est apparemment, par définition, infinie puisque l'on ne fait que constater l'occurrence d'une pensée à l'intérieur de l'âme : cela permet de prolonger une suite d'épreuves expérimentales sur la valeur effective des idées-affects filtrés comme métonymisations et métaphorisations indéfinies de l'imagination exploratrice portant sur le calcul de leurs conséquences vitales ;

4) en découle la fixation à un seul stimulus valide dans la recherche de la connaissance des régulatifs de la nature intérieure. Cette fixation reflète en réalité une incertitude généralisée de l'expérimentation totale de l'homme, qui reproduit un doute sur le destin posthume de la créature que nous sommes, ce qui nous retient de rester bloqués dans une apraxie et une ataraxie quasi-stoïciennes ;

5) jaillit finalement l'aperception expérimentale de l'effet de la réflexion sur la nature de la volonté comme blocage de toute volonté de puissance et comme justification de l'immobilité de l'esprit agissant dans sa capacité d'agir :

> « *Thus conscience does make cowards of us all* » (« c'est ainsi que la conscience fait de nous des lâches »)

6) un geste verbal d'une autopossession, de prise de possession d'un soi réflexif et voulant :

> « soft you now ! » (« apaisez-vous maintenant ! »)

7) surgit ainsi un impératif qui reflète la prosopopée judaïque de la création verbale du monde comme parole qui représente la cohérence absolue du voulu et de l'apparaissable dans la phrase magique :

« Nymph, in thy orisons
Be all my sins remember'd [2] »
(« Nymphe, dans tes horizons,
Que tous mes péchés soient remémorés »)

Le programme de l'expérimentation de soi définit les schèmes compositionnels des tragédies et des chroniques du génie britannique. Dans « Le Roi Lear »[3], on voit bien la crise de l'expérimentation de la nature humaine qui a aboli la responsabilité du roi (sa fonctionnalité royale) tout en lui gardant sa valeur de souverain. C'est à partir de cela qu'on aura à suivre

1) le déchaînement des passions égoïstes : en identifiant son royaume à un fardeau, Lear devient un ersatz de monarque qui refuse de porter sa responsabilité royale tout en se gardant pourtant la suprématie de son pouvoir, un monarque qui prononce des malédictions comme des réactions irréfléchies de l'instinct tyrannique adressées à toute sa descendance, produisant ainsi comme effet prophétique qu'il reste sans aucun héritier ;

2) la dynamique des souffrances (la décision de pâtir, de porter un joug de douleurs) dont pâtit la conscience réactive qui reçoit ses limitations de son action aveugle et affective à partir de l'expérience douloureuse de sa communication avec d'autres appétits et forces subjectifs ;

3) une prise de conscience de l'effet des souffrances sur sa sentimentalité réactive, alliée à une production de certaines formes de maîtrise de soi et à un refoulement de la conscience qui se réfugie dans un autisme post-traumatique ;

4) le déclenchement d'une réactivité secondaire du refoulement du trauma qui consiste à gagner un état d'aphasie, d'absence de parole permettant de neutraliser la

---

[2] Shakespeare W., *Hamlet* (Arden Shakespeare), 2009, p. 56.
[3] Shakespeare W., *King Lear,* ibid.

réalité blessante du seul fait qu'il la passe sous silence, qu'il la taise, du seul fait qu'il ne puisse la prononcer ;

5) l'émergence de sa volonté de mourir (à son réveil, Lear demande du poison à Cornélia) ;

6) la chute de la conscience réactive s'effectue en sombrant dans une folie qui se vit comme pure réception de toutes les impressions possibles et dans la perte absolue de son identité mentale et psychique : cette conscience jouit d'une décharge de sa volonté de puissance et de sa capacité à devenir n'importe quoi du seul fait qu'elle s'imagine elle-même sous tel ou tel aspect et qu'elle exerce un acte de volonté pour s'identifier dans l'action à cet imaginaire.

La poétique des Lumières forme un *topos* particulier concernant la connaissance expérimentale : elle la consacre comme le seul moyen d'accéder à la compréhension des régulatifs de la nature intérieure et extérieure dans l'espace de la culture. Elle lui apparaît comme la seule façon de connaître des lois d'organisation de soi et de l'univers qui rompent définitivement tous leurs liens avec les causes absolues de la création monothéiste.

Cet espace d'expérience intègre dans la culture européenne des outils spécifiques, des détails, des circonstances propres à cette expérimentation libre. Cette culture éprouve en effet une certaine crise au milieu du XVIIIème siècle, provoquée par le développement des sciences de la nature et de la morale. La visualisation des résultats de la connaissance ne sert plus à fonder l'argumentation scientifique valide en identifiant magiquement du connaissable dans les données observables de la nature. Dans la perspective des tentatives de résoudre cette crise de la connaissance, on peut considérer que, parmi d'autres textes littéraires et scientifiques, le roman de Denis Diderot intitulé : « Bijoux indiscrets » déploie toute la dynamique de l'expérimentation de l'être humain à travers une scénographie d'une recherche sur la fidélité féminine.

La logique de la scénographie romanesque est dictée par la topologie d'une expérimentation morale où se produit une détection exploratrice des motivations de la nature humaine. La cour du monarque Mangogul se transforme en une scène de mise à l'épreuve testant la nature affective et réflexive de l'être humain. S'y développe une discussion argumentative sur les relations entre les désirs et le comportement advenant chez les femmes, ou plutôt, sur le langage du désir caché dans la conscience de dames mondaines, soumises aux obligations de la morale et de l'opinion publique.

La situation conceptuelle du roman présente la dynamique d'un appétit explorateur qui sait utiliser l'instrument magique de la connaissance de leurs propres motivations intérieures (ici l'envie de la possession d'une bague) comme l'outil expérimental de la connaissance des dames du monde leur permettant de provoquer et de découvrir leurs amoureux secrets avant de le retourner, à la fin du roman, au donateur : le génie Cucufa.

Et ce parcours ne représente pas seulement un passage de la science expérimentale – comme méthode de fixation des effets des impulsions naturelles – vers une minimisation des doutes personnels et vers une recherche argumentative de la véracité des faits ou des lois de la nature humaine. Il offre aussi un accès à la phase instrumentale de la science expérimentale : celle-ci s'impose comme phase pilote de la connaissance de la nature dans la culture européenne et elle est menée à partir de l'identification des formes *a priori* de la connaissance et de l'existence de la nature, qui, plus tard, seront systématisées par l'analyse transcendantale de Kant.

Cette transition est déjà prévue dans le 32ème chapitre, qui serait, selon Diderot, *« le meilleur peut-être, et le moins lu de cette histoire. Le rêve de Mangogul, ou voyage dans la région des hypothèses »* : là où Mangogul raconte son voyage onirique dans un pays d'hypothèses – dans l'imaginaire de l'espace tumultueux de la philosophie postsocratique, dans lequel la métaphysique de Socrate a donné naissance à des épigones multiples, c'est-à-dire à nombre de créateurs de leurs propres systèmes philosophiques. Cependant, toute l'organisation de la coexistence des porteurs de la prosopopée postsocratique et la réalité même du portique comme république des métaphysiciens en cours de construction de leurs systèmes sera détruite par, ce que j'aimerais appeler, la prosopopée de l'Expérience.

Cette vision onirique du prince comme tableau argumentatif dans une discussion des connaisseurs expérimentaux de la nature s'inscrit dans le cadre plus compliqué d'une expérimentation de soi menée par Mangogul. Pour pouvoir répondre au désir explorateur et échapper à l'incertitude perceptive, cognitive, éthique et affective de son mécontentement (provoqué par des maux de tête), il ne forge pas simplement un argument en faveur de la connaissance expérimentale et d'une abolition définitive des spéculations métaphysiques éphémères, mais il imagine aussi la stimulation qui parviendrait à susciter le consentement d'une collègue dans sa vaste recherche d'expériences sur les motivations de la nature impulsive humaine. Et Mangogul finira par produire chez Mirzoza, à la fin du chapitre, un jugement consensuel et un consentement qui seront en accord avec le contenu conceptuel de son rêve.

Suivons le schéma expérimental de ce chapitre du roman de Diderot pour dégager le dépassement du stade instrumental de la connaissance expérimentale par la phase d'organisation de la coexistence des personnages opérée dans la ligne du témoignage narratif concernant la dynamique de la connaissance :

1) Le début du chapitre est marqué par le motif des maux de tête, ce qui est rapporté à une réaction causée par des discussions philosophiques récentes. Nous voyons ici que l'expérimentation du monde littéraire de Diderot est directement liée à la perception des stimuli extérieurs à partir de la réaction, dans la conscience de l'expérimentateur, qui paraît immédiatement formée à partir de l'interprétation de la perception, à laquelle s'identifie le contenu lui-même de la perception : le mal de tête. On peut lire en cela une critique implicite des « idées innées » de Locke, qui sont invitées ici à céder la place à l'ensemble des pures impressions de l'expérience :

> « Qu'on ne me parle jamais de philosophie ; ces conversations sont malsaines. Hier, je me couchais sur des idées creuses, et au lieu de dormir en sultan, mon cerveau a travaillé davantage que ceux de mes ministres ne travailleront en un an. »[4]

2) Le prince recourt à sa favorite Mirzoza pour transformer le mal de tête causé, selon le prince, par le discours sur l'existence de l'âme, en motif de jouir de sa vengeance, c'est-à-dire en obéissant à la motivation secondaire de sa nature impulsive qui émerge ainsi aussi inconsciemment que les affects du premier degré, que les pures impressions de l'expérience. Cette production irréfléchie va se répéter dans la formation d'une série de reflets de la conscience réactive qui agissent comme les formes des mouvements affectifs et qui stabilisent de façon aveugle les reflets de la conscience en portant des jugements aveugles sur des principes régulateurs de la

---

[4] Diderot D., *Les Bijoux indiscrets* in *Œuvres complètes*. Texte établi par J. Assézat et M. Tourneux, Garnier, 1875-77, Tome IV, p. 255.

nature intérieure et extérieure. S'enchaînent ainsi les unes aux autres les réponses gratifiantes de l'entendement dans sa genèse déterminante, réglée par les catégories et par la raison conçue comme capacité de connaître l'infini :

> « Vous riez ; mais pour vous convaincre que je n'exagère point et me venger de la mauvaise nuit que vos raisonnements m'ont procurée, vous allez essuyer mon rêve tout du long. »[5]

3) Le début de la narration sur le contenu rêvé se présente comme une forme de l'oubli de soi où le jeu de l'imagination se déroule en pleine liberté. C'est un schéma de l'expérience qui est complètement opposé à celui que justifie Descartes, car il élimine hors des séries imaginatives de l'expérience, la relation à lui-même de l'ego transcendantal. En effet le schéma cartésien n'apparaît plus productif et semble incapable de déterminer une recherche scientifique sur les régulatifs de la réalité connaissable du psychisme et sur les phénomènes extérieurs : nous n'associons pas simplement des représentations dans le temps de la simple sensation que nous avons de nous-mêmes dans la réalité afin de pouvoir prouver leur validité pour l'esprit humain. Mais nous associons aussi des représentations dans le temps d'une narration en suivant le mouvement de l'imagination afin de nous rendre compte de leurs effets sur notre sensibilité passive, dans notre nature intérieure, supposée être à la fois la sphère réceptrice de stimuli et la sphère productrice de réactions dans l'expérimentation totale que l'homme mène sur lui-même.

Nous attendons passivement une réponse gratifiante de notre nature sur la vérité expérimentale inspirée par une certaine action de l'imagination pour pouvoir confirmer une hypothèse aveugle portée sur une essence du connaissable déjà existante dans la conscience réactive.

---

[5] Ibid., p. 255.

Cette phase se voit déployée dans l'action du sommeil, dans l'apparition de la chimère comme figure de liaison des éléments de la nature, puis, dans l'incroyable vitesse d'un vol aérien accompli comme expression d'un dépassement délibéré des circuits interminables de la science instrumentale, motivé par l'arrivée à un bâtiment peuplé par des métaphysiciens, là où se fixent la limite temporelle du voyage et la limite d'un espace qui ouvrent les conditions véritables de la connaissance humaine :

> « Je commençais à m'assoupir et mon imagination à prendre son essor, lorsque je vis bondir à mes côtés un animal singulier. Il avait la tête de l'aigle, les pieds du griffon, le corps du cheval et la queue du lion. Je le saisis malgré ses caracoles, et, m'attachant à sa crinière, je sautai légèrement sur son dos. Aussitôt il déploya de longues ailes qui partaient de ses flancs et je me sentis porter dans les airs avec une vitesse incroyable. Notre course avait été longue, lorsque j'aperçus, dans le vague de l'espace, un édifice suspendu comme par enchantement. »[6]

4) L'*alter ego* onirique du prince ouvre un espace d'observation expérimentale de la nature des habitants du portique, en jugeant de l'ensemble de cette dynamique de perceptions du sentiment intérieur et des actions exploratrices afin de dégager la vérité de l'apparaissable dans la réception des données affectives de la nature intérieure et extérieure, observables par notre sensibilité :

> « C'étaient des vieillards, ou bouffis, ou fluets, sans embonpoint et sans force et presque tous contrefaits. L'un avait la tête trop petite, l'autre, les bras trop courts. Celui-ci péchait par le corps, celui-là manquait par les jambes. La plupart n'avaient point de pieds et n'allaient qu'avec des béquilles. Un souffle les faisait tomber, et ils demeuraient à terre jusqu'à ce qu'il prît envie à quelque nouveau débarqué de les relever. Malgré tous ces défauts, ils plaisaient au premier coup d'œil. Ils avaient dans la physionomie, ce je ne sais quoi d'intéressant et de hardi. Ils étaient presque nus,

[6] Ibid., p. 255-256.

car tout leur vêtement consistait en un petit lambeau d'étoffe qui ne couvrait pas la centième partie de leur corps. »

Son ego s'en accommode pourtant :

« Je continue de fendre la presse et je parviens au pied d'une tribune à laquelle une grande toile d'araignée servait de dais. Du reste, sa hardiesse répondait à celle de l'édifice. Elle me parut posée comme sur la pointe d'une aiguille et s'y soutenir en équilibre. Cent fois je tremblai pour le personnage qui l'occupait. C'était un vieillard à longue barbe, aussi sec et plus nu qu'aucun de ses disciples. Il trempait, dans une coupe pleine d'un fluide subtil, un chalumeau qu'il portait à sa bouche et soufflait des bulles à une foule de spectateurs qui l'environnaient et qui travaillaient à les porter jusqu'aux nues. »[7]

5) Le prince se pose ici la question de sa recherche sur l'essence de l'observable dans l'édifice. Cette question anticipe une réponse gratifiante de la connaissance pour pouvoir identifier une relation causale entre d'une part, un nombre de lambeaux repérés dans les vêtements des habitants de la république philosophique imaginaire et, d'autre part, l'intérêt des porteurs de ces vêtements identifiés à des bulles soufflées. Le prince en reçoit une stimulation de sa nature affective qui le pousse à choisir une personne à qui s'adresser pour résoudre son problème concernant l'expérience de ce qui se passe dans le portique :

« "Où suis-je ?" me dis-je à moi-même, confus de ces puérilités. Que veut dire ce souffleur avec ses bulles et tous ces enfants décrépits occupés à les faire voler ? Qui me développera ces choses ? » Les petits échantillons d'étoffes m'avaient encore frappé, et j'avais observé que plus ils étaient grands, moins ceux qui les portaient s'intéressaient aux bulles. Cette remarque singulière m'encouragea à aborder celui qui me paraîtrait le moins déshabillé »[8].

---

[7] Ibid., p. 256.

[8] Ibid., p. 256.

6) L'*alter ego* onirique du prince fait la connaissance de Platon pour clarifier les objectifs de ses activités dans le portique : le recrutement de ses élèves et pour identifier les impératifs de sa doctrine consistant à faire partager des notions visant le filtrage des affects en se contentant de les communiquer et de les faire comprendre. La structure de la connaissance s'y dégage comme attente d'une réponse gratifiante permettant à une conscience réactive de s'approprier des résultats perceptifs afin de pouvoir généraliser leur effet sur tout le champ de l'expérience :

« - Qui êtes-vous ? où suis-je ? et qui sont tous ces gens ? lui demandai-je sans façon.
« - Je suis Platon, me répondit-il. Vous êtes dans la région des hypothèses, et ces gens-là sont des systématiques.
« - Mais par quel hasard, lui répliquai-je, le divin Platon se trouve-t-il ici ? et que fait-il parmi ces insensés ?...
« - Des recrues, me dit-il. J'ai, loin de ce portique, un petit sanctuaire où je conduis ceux qui reviennent des systèmes.
« - Et à quoi les occupez-vous ?
« - À connaître l'homme, à pratiquer la vertu et à sacrifier aux grâces... »[9].

7) Platon commence alors à se souvenir de Socrate, de son enseignement philosophique de la vertu comme but consommatoire de l'existence humaine, comme sa fin ultime. Il y voit une liaison objectivée par une conscience réactive entre une stimulation recevable et une réaction désirable, en définissant une genèse des petits bouts de vêtements comme métaphores des éclats d'un système philosophique holiste qui sert d'habillement aux habitants du portique :

« [...] c'est à faire des têtes, c'est à former des cœurs, qu'il s'occupa tant qu'il vécut. Le secret s'en perdit à sa mort. Socrate mourut, et les beaux jours de la philosophie passèrent. Ces pièces

[9] Ibid., p. 257.

d'étoffes, que ces systématiques mêmes se font l'honneur de porter, sont des lambeaux de son habit. Il avait à peine les yeux fermés, que ceux qui aspiraient au titre de philosophes se jetèrent sur sa robe et la déchirèrent. »[10]

8) Platon exprime ensuite le souhait de rétablir le vêtement de Socrate, c'est-à-dire de reproduire le système du savoir absolu du philosophe qui, pour la première fois dans l'histoire européenne, avait essayé de remplacer les régulatifs polythéistes qui reflétaient l'aliénation magique des êtres humains dans des désirs abolutisés (incarnés par les dieux). Ces désirs agissaient comme les seules motivations objectivées pouvant engendrer des modes voulus de perception, de pensée, d'affectivité, de mouvements moteurs dans le comportement individuel et collectif du seul fait qu'ils affectaient la sentimentalité réceptrice des porteurs de la prosopopée polythéiste. Ils les affectaient en réglant leurs actions par des principes philosophiques de compréhension de la vertu ou du bien suprême, c'est-à-dire par des régulatifs consensuels de la prosopopée théorique qui impute à des consciences réactives une façon de dégager les véritables motifs de sa pensée et de son agir. Avec Socrate, il s'agissait de les faire comprendre à partir du filtrage des inclinations plus intenses qui leur était imposé dans la perspective du bien commun, d'un bien commun conçu comme le résultat de l'aliénation inaugurale d'une réflexion qui stabiliserait les données affectives dans la conscience :

« - Qui rassemblera ces morceaux, continua Platon, et nous restituera la robe de Socrate ? »[11]

9) On voit venir ici la prosopopée de l'Expérience comme incarnation de la raison des Lumières. Elle prétend

---

[10] Ibid., p. 257.
[11] Ibid., p. 257-258.

porter un éclairage naturel sur tout le champ du connaissable à partir de la simple occurrence des idées-affects dans la conscience réactive, et cette prosopopée s'avère déjà offrir le résultat de la connaissance expérimentale dans son mime de la nature indifférente et autonome où est projetée une méthode d'analogie transcendantale. Le phénomène de la prosopopée de l'expérience est visualisé dans la figure du garçon aux apparences multiples, qui apparaît fournir des méthodes et des outils cognitifs grâce à un mouvement constamment renouvelé et à une augmentation de sa taille. L'expérience incarne toute la science expérimentale qui intègre la phase intrumentaliste encore en voie de développement, de la fin du Moyen âge au début de la Renaissance.

Cette science a remplacé les principes intérieurs et extérieurs supposés animer la nature de l'homme et suggérés par la doctrine de Socrate, par les effets que provoquait une simple action de l'intuition intellectuelle, qui forgeait immédiatement les idées du bien dans le sentiment intérieur à partir de sa réception des données affectives. Elle les remplace ainsi par des principes qui deviennent des régulatifs en se contentant d'identifier des résultats comptables déterminés de l'expérimentation morale à des règles universelles de la connaissance et de la conduite humaine :

> « Dans le progrès de ses accroissements successifs, il m'apparut sous cent formes diverses ; je le vis diriger vers le ciel un long télescope, estimer à l'aide d'un pendule la chute des corps [1], constater avec un tube rempli de mercure, la pesanteur de l'air [2], et, le prisme à la main, décomposer la lumière [3]. C'était alors un énorme colosse ; sa tête touchait aux cieux, ses pieds se perdaient dans l'abîme et ses bras s'étendaient de l'un à l'autre pôle. Il secouait de la main droite un flambeau dont la lumière se

répandait au loin dans les airs, éclairait au fond des eaux et pénétrait dans les entrailles de la terre. »[12]

10) Platon lance ensuite un appel alarmant au prince pour le prévenir des effets dévastateurs de cette prochaine expérience sur le royaume des postulats métaphysiques dont il est présumé être déjà bien informé à partir de son expérience intérieure. Ceci exprime bien entendu le but clandestin de Diderot : celui de dissoudre les préjugés métaphysiques sur l'organisation de l'univers, c'est-à-dire les raisons essentialistes de l'existence et de la conscience, les indications sur l'existence préalable des représentations spéculatives dans toutes les consciences réactives, dans tous les esprits habitant le portique. Ceux-ci doivent suivre cet appel avant la destruction définitive de l'édifice académique.

S'ensuivra ainsi une réaction inconsciente qui sera apte à refouler le traumatisme de la vision de cette expérimentation onirique à la sortie du sommeil de la conscience du prince :

« - Fuyons, me dit encore Platon ; fuyons ; cet édifice n'a plus qu'un moment à durer. » « À ces mots, il part ; je le suis. Le colosse arrive, frappe le portique, il s'écroule avec un bruit effroyable, et je me réveille. »[13]

Le programme de la recherche expérimentale de Mangogul se complique : il a besoin non seulement d'identifier les effets venus des affects reflétés dans la conscience réactive face à la réalité accessible de l'expérience sensible, mais aussi d'identifier des effets de la narration traduisant les approches cognitives de cette réalité en anticipant une idée de l'existence humaine et un but gratificatoire de la connaissance. Par conséquent, dans

---

[12] Ibid., p. 258.
[13] Ibid., p. 259.

son expérience de la connaissance, le prince simule une soumission magique, monothéiste, du visible au prononçable et une identification langagière des phénomènes observables qui ont lieu dans ce rêve, à leur essence, au je onirique du prince qui communique avec Platon afin de transfigurer les résultats de sa connaissance sur la base de la transformation de son récit en un argument expérimental concernant l'influence de la nature régulatrice sur l'humain.

11) Le prince reçoit la confirmation et l'approbation de sa recherche des stimuli et des modes de réactivité de l'expérimentation onirique portant sur le stade post-instrumentaliste de la connaissance expérimentale de la part de l'évaluation positive qu'une collègue formule sur ses études de la nature de son expérience. Il attend cette confirmation de sa favorite Mirzoza, anticipant ainsi déjà l'émergence de la notion pragmatique de la vérité obtenue comme résultat du consensus des chercheurs :

> « Ah ! prince, s'écria Mirzoza, c'est affaire à vous de rêver. Je serais fort aise que vous eussiez passé une bonne nuit ; mais à présent que je sais votre rêve, je serais bien fâchée que vous ne l'eussiez point eu »[14].

12) Le prince réalise son désir d'être avec celle dont le consentement certifie l'expérience véridique de la connaissance sous une forme d'insinuation frivole :

> « [...] je connais des nuits mieux employées que celle de ce rêve qui vous plaît tant ; et si j'avais été le maître de mon voyage, il y a toute apparence que, n'espérant point vous trouver dans la région des hypothèses, j'aurais tourné mes pas ailleurs. »[15]

---

[14] Ibid., p. 259.
[15] Ibid., p. 259.

13) Mirzoza change de tonalité en faisant comprendre au prince que ce n'est pas le temps de lui proposer de poursuivre une étude expérimentale sur des régulatifs de la nature intérieure et extérieure en vue d'obtenir du plaisir. Elle l'incite à opérer un transfert d'expérimentation, c'est-à-dire à substituer à son désir de connaître les régularités naturelles de production des phénomènes reflétés dans l'imagination et l'entendement, une imitation de l'expérimentation de soi de la nature qui cherche elle-même constamment des formes plus parfaites d'organisation de soi :

> « [...] il faut espérer que ce ne sera rien et qu'un ou deux essais de votre anneau vous en délivreront. »[16]

14) La relation du transfert de son expérimentation s'établit une fois que le prince reçoit une perception stimulante et reprend la poursuite de son intérêt cognitif pour pouvoir l'apaiser dans une nouvelle aventure de la connaissance expérimentale : une action affective de l'appétit de connaître surgit de façon aussi irréfléchie que se gratifie le désir expérimentateur à partir de son simple repli sur lui-même. Il se gratifie à chaque fois qu'il reçoit une réponse gratifiante de sa nature pulsionnelle et réflexive sur l'essence du perceptible et qu'il se procure le consentement et l'approbation d'un des collègues qui participent à l'expérimentation totale de l'homme. Cela s'opère en identifiant l'expression de ce consentement à l'occurrence d'un consensus réel où l'on se voit programmé à opérer une nouvelle action consommatoire de connaissance expérimentale qui satisfait sa demande de recherche dans l'éclaircissement des motifs implicites du visible :

---

[16] Ibid., p. 259.

« La conversation dura quelques moments encore entre le sultan et Mirzoza ; et il ne la quitta que sur les onze heures, pour devenir ce qu'on verra qu'il sera dans le chapitre suivant. »[17]

Le geste de Diderot s'ouvre sur l'ensemble du programme de la raison des Lumières dans la connaissance expérimentale d'une essence de la réalité à travers la réception des perceptions stimulantes, via la clarification des relations entre les phénomènes et des méthodes cognitives et, enfin, dans la production d'un accord avec un collègue de la recherche pour pouvoir compléter ce schéma par la restauration d'un transfert expérimentateur.

Dans l'expérimentation délibérée de la nature pulsionnelle de l'homme, la conscience réactive d'un expérimentateur se crée elle-même à l'image de la nature productrice, de la *natura naturans* qui fait apparaître le perceptible et les formes de sa perception adéquate. Je ne me crée qu'en satisfaisant mon exigence sublime d'une connaissance portant sur des fondements de l'être. Il s'agit d'une ascèse de la pensée qui dispense de la nécessité de juger les conditions objectives de mon existence dans la production de jugements aveugles sur des principes de régulation de la nature. C'est quand j'imite infiniment la nature productrice dans ma conscience individuelle, c'est-à-dire en produisant un automatisme de perception dans la conscience réactive qu'elle reçoit une impulsion aveugle venant d'un doute expérimental et du désir de satisfaire minimalement l'incertitude qu'il secrète.

Les objectifs de cette connaissance expérimentale se voient ainsi dévalorisés dès le milieu du XVIIIème siècle. La culture européenne se trouve bloquée dans le renouvellement infini de l'expérience gratuite et dans sa volonté de trouver des formes légitimes et satisfaisantes de

---

[17] Ibid., p. 259.

régler la vie individuelle et commune car elle ne fait qu'accélérer la croissance de l'incertitude cognitive et éthique qui la ronge.

Hume entrevoit la possibilité de surmonter celle-ci en organisant de façon aveugle les idées reçues et en promulguant l'impératif de « suivre le mouvement de l'affect », c'est-à-dire d'identifier les règles de la perception, de la pensée et de l'action à partir de la généralisation d'un simple effet de décharge de l'instinct moral dans le sentiment intérieur. Il induit ainsi une aliénation dans le reflet généralisé de cet effet, l'identification de soi à un jugement irréfléchi portant sur les principes de coexistence des appétits les plus intenses des hommes : il s'ensuit que celui-ci va devenir le sujet de l'expérimentation des sentiments.

La tâche de transformer des données expérimentales en un objet de contemplation intellectuelle, puis, en un fondement stimulant l'imagination créatrice et la puissance de décharge pulsionnelle de l'instinct moral dans l'aliénation à l'idée affective du bien comme représentation objectivée, est effectuée par la poétique sentimentaliste dans la topique poétique particulière de la contemplation individualisante. Il s'agit toujours de s'affecter d'un effet de décharge le plus puissant possible à travers une compensation généralisable et imputable immédiatement au sentiment intérieur de la conscience réactive.

Dans la logique du sentimentalisme, le sujet réactif s'enlève déjà le sentiment d'être responsable des résultats de sa perception, de sa pensée, de son action et de la coexistence de sa conscience avec celle des autres. Pour ce faire, elle se transforme en un instrument passif de la nature pulsionnelle qui s'adonne à une contemplation vide des actions instinctuelles de décharge affective et dans une auto-affection morale. Emerge ainsi le sentiment d'une gratuité de la pensée et d'une incertitude de l'action qui conduit à l'apathie, à l'ataraxie et à l'apraxie.

Cependant, le produit même de la contemplation, qui est devenu de cette façon une sorte d'appréhension attentive d'un idéal moral et qui constitue le signe d'une aliénation stabilisante d'un effet de décharge instinctive sera ensuite mis en œuvre dans la poétique du romantisme. Celle-ci transforme la rêverie rousseauiste en symbole de consommation stimulante de la perception de soi comme incarnation de l'infini. Elle s'impose comme conditionnant la croissance d'une force vitale dans le fini et s'affirme comme le produit qui témoigne de la kénose de l'absolu dans la conscience régénérée du héros romantique et dans l'horizon valorisant de l'auteur.

L'idée morale de l'existence trouve ainsi sa réalité dans la réalisation de l'idéal d'un sujet qui s'approprie sa propre sublimité chez les romantiques, dans leur poursuite des objectifs de la connaissance expérimentale humaine de soi. L'objectif de la recherche expérimentale du génie romantique est d'aboutir à une neutralisation chamanique dans la conscience réactive et dans la volonté de puissance de cette dernière à propos de toutes les normes morales qui étaient antérieures à l'acte de sa création de soi autonome. C'est ainsi qu'elle se dispense d'exercer sa capacité de juger quelles sont les conditions objectives de sa propre existence dans l'attente de la présence à elle-même de cette existence. Elle provoque ainsi par là la disparition de la conscience réactive dans la folie. Celle-ci résulte de la neutralisation de tous les points de repère propres à la pensée et à l'action responsable. Et elle se manifeste donc comme une désharmonisation des impulsions et des réactions et peut finir par s'abîmer elle-même plus tard dans la béatitude autistique d'une attente existentielle de l'appel de l'être (avec Heidegger).

Chapitre 2

D'Ovide à Borges : les illusions de l'origine

Dans sa prosopopée polythéiste, Ovide donne dans ses « *Métamorphoses* » une répétition des événements magiques qui consistaient à transformer des divinités inférieures par la volonté des dieux souverains en des animaux ou en des plantes pour pouvoir confirmer la toute-puissance des dieux anthropomorphiques et réaffirmer que l'origine de la culture consistait bien dans l'ensemble des sources objectivées des désirs humains qu'on figurait sous les apparences des forces polythéistes divines. C'est la préharmonisation des perceptions, des désirs et des actions de l'homme aux effets des motivations déjà aliénées et objectivées dans un panthéon qui se trouve contestée par la littérature moderne.

Ovide était pour Pouchkine une figure de la tradition poétique par excellence : il pouvait repérer en lui le statut souverain d'un génie poétique dans son expression libre. La souveraineté d'un génie romantique, la fidélité à la lumière naturelle de la raison explorant la nature humaine, une autonomie d'un jugement moral et politique ont défini la position créatrice des romantiques russes dans leurs perceptions, leurs pensées et leurs modes d'agir face à la réactivité du pouvoir d'un souverain dit chrétien (censure, interdits de publication, mise en exil, mise en soumission par le service d'Etat)[18]. Dans le cadre du poème « Pour Ovide » cette contradiction entre un souverain poétique et un souverain terrestre s'exprime dans l'opposition entre l'existence d'une voix active et la présence dans la conscience poétique d'un vide non-résonnant ou d'un espace passif.

Au lieu de transformer Ovide en une victime du pouvoir impérial, Pouchkine propose un tout autre programme : constituer, en rappelant les effets pragmatiques de la lettre d'Ovide à ses amis de Rome, une nouvelle communauté affective indépendante, selon les vers de Pouchkine : notre esprit doit se laisser attendrir par la plainte d'Ovide en provoquant le partage de ses sentiments et surtout le partage du destin d'un poète en exil par des lecteurs posthumes, plus précisément, dans le partage performatif d'une voix unique qui fût pourtant exilée dans un univers où régnait l'indifférence entropique d'un espace passif.

L'identification de la voix et de l'affect est ce qui permet à Pouchkine de déclencher un jeu d'imagination représentant l'existence du génie, absent dans les circonstances de son exil, en soumettant une visualisation du passé d'autrui au prononçable, donc, à la structure du discours. Ovide aurait imprimé dans son esprit ce désert sombre et tout son destin, c'est-à-dire ces effets dramatiques de la solution impériale : un voyage dangereux vers un lieu prédestiné, une vie en danger parmi les barbares en bordure de l'Empire, l'apparition d'un affect absolu de tristesse inassouvissable, que Pouchkine va mimer dans la propre sensation qu'il a de lui-même, dans une prise de conscience de l'inchangeabilité de la volonté auguste, dans la perspective d'une fin de la vie

---

[18] Voir Panov S., *La culture littéraire russe dans la prosopopée judéo-chrétienne*, Paris, L'Harmattan, 2022.

dans l'oubli absolu, mais aussi surtout, une décharge d'impulsion créatrice dans le message élégiaque.

Pour le Grand siècle, l'amour est tout d'abord une idée incomplète, si l'on reprend l'approche philosophique de Spinoza. L'amour comme étant un affect parmi d'autres doit être sublimé dans l'horizon auctorial qui équivaut à un degré suprême de la possession de soi, donc, à l'intuition intellectuelle de soi-même. Le Grand siècle ouvre le temps expérimental dans la culture littéraire européenne en transposant les outils de la connaissance de la nature extérieure dans une recherche des régulatifs du monde intérieur. Le temps dans la culture littéraire au siècle classique (Corneille, Racine) s'avère être une condition du développement de la nature affective de l'homme et de sa connaissance.

La durée classiciste se veut représenter une continuité dans la transformation des suites répétables de décharges pulsionnelles des agents (la haine, la révolte, le sentiment du devoir, le désir illégitime) en des inclinations comportementales qui s'objectivent à leur tour dans l'entendement réflecteur et passif. Les inclinations irréfléchies se stabilisent dans des motivations objectivées, et donc, dans des maximes du vouloir humain du seul fait qu'on en reflète les orientations aveugles à l'intérieur de l'esprit et qu'on prétende faire partager à d'autres les produits de cette simple réflexion. C'est pourquoi la durée classiciste tend à parachever aussi la forme d'aboutissement aux modes les plus puissants de possession de soi et aux résultats aliénés de cette possession qui s'incarne dans une figure de souverain et dans ses dictats moraux, politiques et sociaux.

C'est le Grand siècle qui ouvre les préconditions d'une connaissance expérimentale de la nature humaine à l'époque des Lumières. C'est pourquoi le temps dans l'écriture littéraire des Lumières s'avère être une forme d'enfilement des actes d'une recherche sur des régulatifs de notre nature pulsionnelle où il n'est aucunement évident de formuler les inclinations de notre sensibilité à partir de leur simple occurrence dans notre âme. Il est aussi une durée de transformation des actes d'investigation dans une composition de tableaux argumentatifs (les « *Bijoux indiscrets* »[19] de Diderot, les « *Contes philosophiques* »[20] de Voltaire, les romans de Sade) dont le schématisme équivaut à une coexistence de libres argumentateurs travaillant sur des principes qu'on peut dégager expérimentalement de l'organisation du monde extérieur et intérieur.

Le temps des Lumières se veut donc une durée d'application transférant les règles d'une connaissance expérimentale du monde extérieur dans l'analyse des motivations de la nature intérieure de l'homme ainsi qu'une durée dévoilant un argument plus fort encore : celui de la durée s'étendant à la nature créatrice d'elle-même du seul fait qu'elle permet de visualiser les effets de celle-ci sur la conscience réactive humaine et de faire partager par elle les résultats de cette visualisation (le fameux tremblement de terre de Lisbonne dans le « *Candide* » de Voltaire).

Avec le surgissement du sentimentalisme, le temps d'une connaissance expérimentale de la réalité phénoménale, perceptive et réflexive à l'époque des Lumières, se complique (dans les « *Rêveries d'un promeneur solitaire* »[21] de Rousseau) parce qu'il faut y refouler le trauma d'indétermination généralisée de l'expérience scientifique du monde. C'est ainsi qu'on passe à une simple réception des effets des décharges

---

[19] Diderot, D.. *Bijoux indiscrets.* Paris, Gallimard, 1981.

[20] Voltaire. *Contes philosophiques*, Paris, Nelson, 1936.

[21] Rousseau, J-J., *Rêveries d'un promeneur solitaire.* Paris, Livres de poche, 2001.

affectives et à la transfiguration de ces effets dans des faits de la pure imagination où l'on s'habilite à produire les régulatifs de la perception, de la pensée, du vouloir et de l'agir du seul fait qu'on reflète les données intuitives dans l'imagination productrice et qu'on peut remplacer la réalité par un vécu imaginaire, c'est-à-dire par une image projetée dans une sensation de soi réfléchissante.

Cette imagination sentimentaliste trouve ses limites dans la poétique du romantisme pour y évoluer vers une sorte de force symbolisante. Le temps chez les romantiques est la durée d'une symbolisation de l'esprit qui objective sa propre dynamique affective dans une loi de sa propre existence. Donc, il est une forme de passage de la vertu abstraite de la conscience sublime du génie romantique à une prise de conscience du mal intériorisé (le mépris envers le monde, l'orgueil) et à sa libération ersatz, spirituelle dans l'appropriation de l'idéal, qui est produite par une inversion d'un stimulus et d'une réaction, dans un effort de décharge émotionnelle (les larmes, le regard à larmes) et de ses effets contemplatifs. Le temps romantique se réalise aussi dans une forme de production du jugement sur le destin de la conscience sublime qui accède à sa propre résurrection dans l'esprit prophétique, dans un revenant qui va dicter à toute conscience réceptive les conditions de son devenir affectif et réflexif.

Pour Goethe, la « machine du désir » constitue une forme théâtrale de coexistence humaine, où les types de réactivité sociale et psychosociale doivent atteindre le niveau de conscience des nobles objectifs de l'être. Pour Goethe, la littérature apparaît comme une expérimentation totale par l'homme des régulateurs de sa propre perception, de sa pensée et de son action. Le schéma simple et naïf de l'expérimentation totale par la culture de la Renaissance transfère les méthodes de connaissance expérimentale de la nature externe vers la nature réglementaire interne de l'homme.

Ce schéma annule tous les préjugés antérieurs sur les causes actives des motivations internes de l'homme et sur les principes d'auto-organisation de la nature externe, afin de révéler de nouvelles règles de bien-être et d'interaction des personnes sur la base d'une simple compétition d'idéaux individuels. L'idéal commun est celui qui affecte le plus intensément le sentiment intérieur : il gagne et se transforme en une force manipulatrice (Boccace, Shakespeare).

Ce schéma d'expérimentation est donc remis en question par les Lumières. Les Lumières montrent l'insuffisance de ce schéma d'expérimentation, car la connaissance ne semble limitée que par la perception sensorielle de l'être extérieur ou par les données affectives de l'intuition intérieure d'une personne. Il aboutit inévitablement à des conclusions contradictoires : égoïsme ou altruisme, pessimisme ou optimisme, scepticisme éternel de la conscience malheureuse ou à un programme positif pour des résultats cognitifs généralisés, visant la préservation et le développement d'une existence privée ou le désir du bien universel. La solution de ces contradictions n'est évidente que dans le personnage goethéen de Werner comme incarnation d'une raison utilitaire éclairée.

Etant le principal moyen et le but du dépassement de la solitude d'un enfant, la métaphore théâtrale de la coexistence humaine nous a permis de nous éloigner du régime strict de développement et d'application de maximes de comportement individuelles et collectives, filtrant nos orientations de perception, de pensée et d'action conformément à un idéal réglementaire, qui ne peut être qu'approchable à l'infini et dont personne ne pourrait revendiquer une possession inconditionnelle.

Remplacer le traumatisme de l'indétermination de l'expérience des lumières par une forme de jugement sur la diversité des jugements (Bourdieu) exige une solution extraordinaire : il semble nécessaire de remplacer le traumatisme de l'indétermination des orientations morales et comportementales par l'idée même d'un idéal régulateur, c'est-à-dire par la représentation *a priori* qu'on en a.

L'inversion des stimuli (remplaçant la réalité du monde par la simple perception d'une stimulation interne ou externe) dans le genre des jugements moraux prônés par Goethe forme l'horizon de la culture européenne en tant que formes théâtrales (d'un monde sans essences, dans les termes de Hegel). L'identité de l'être et du devoir dans une sensation sublime de soi a permis de développer et d'imputer à l'exécution tous les modèles transmis de comportement stabilisé qui aboliraient le traumatisme d'une annulation des conditions préexistantes de l'existence humaine, en anticipant qu'on puisse persuader les autres des formes d'action, qui ont été sélectionnées sur la base de leur corrélation avec la forme déjà objectivée de l'autodétermination des êtres humains.

À ce stade, nous pouvons trouver la différence entre la méthode artistique de Goethe et le projet d'esthétique transcendantale de Kant : les orientations perceptives, cognitives, réflexives et comportementales sont basées sur l'objectivation des effets de l'autodétermination de la volonté dans la métaphysique transcendantale de Kant, tandis que le point de référence régulateur de Goethe inclut l'élément de l'inconscient comme symbole, comme unité inconnue dans la formation instinctive d'une conscience réactive. C'est le spinozisme qui est certainement au cœur de la vision du monde de Goethe. Le vitalisme (perception des données affectives) et l'inconscient (anticipation de la perfection de la nature humaine) impliquent la formation de tendances naturelles et d'individus caractéristiques dans un processus de connaissance de soi qui est à la fois sensuel, réflexif et moral (dans la légèreté de Friedrich, l'indécision et les ambitions d'acteur de Wilhelm, le cynisme de Jarno, les calculs de Werner, la désinvolture de Filina, l'impulsivité de Mignone).

L'idée d'humanité de Goethe se révèle dans la coexistence de ces différentes tendances de la nature humaine universelle, qui se révèlent mutuellement associées et viennent à la conscience de leur propre finitude par rapport à l'absolu infini présumé à la base de leur communication. C'est la base philosophique de la poétique artistique de Goethe, c'est-à-dire la nature régulatrice, dont les liens sympathiques entre les personnes lient la diversité des aspects d'une humanité universelle singulière et la conduisent inévitablement à la perfection d'eux-mêmes. On peut voir le même geste dans les réflexions de Stanislavski.

On peut remarquer le pathos évolutif dans le récit de Goethe : l'amélioration humaine n'est possible que dans des changements constants et des mouvements de consciences réactives qui peuvent à la fois percevoir la voix de la nature régulatrice (cf. comme dans Schelling, Dieu est révélé comme un sentiment personnel sublime), et transformer le résultat d'une telle perception en réflexes vitaux, en habitudes de perception, de pensées et d'actions, afin de les refléter sous forme de jugements et d'évaluations intuitives et réflexives en sélectionnant les orientations les plus efficaces de l'activité humaine.

Le schéma solipsiste de l'expérimentation morale (Hamlet) se voit complété par la réflexion et l'expérience individuelle et collective de Goethe. Mais pour redevenir une réaction intellectuelle, dont la vérité doit être testée à chaque fois qu'on reçoit des perceptions stimulantes, l'évolutionnisme de Goethe prend le caractère aventureux des métamorphoses sentimentalistes (comme dans l'histoire du harpiste), il anticipe ainsi le caractère évolutif du roman classique russe (Tolstoï, Dostoïevski), où le développement progressif n'est plus discret, mais épique, car il repose sur une réception et une transmission constantes d'un affect sublime (cf. Pierre Bezukhov et Natasha Rostova).

La formule « les années d'étude sont terminées », selon l'abbé, signifie pour Wilhelm Meister le processus de dépassement de la forme théâtrale de la comédie humaine, où les acteurs de la scène théâtrale du monde doivent réaliser leur différence par rapport à leurs masques et rôles qui leur sont imposés afin de remplir leur devoir moral et social. Ainsi, Wilhelm, qui se sent toujours dans le cadre du théâtre des Lumières, refuse d'aller en Amérique et d'accompagner le Marquis, lorsqu'il se voit obligé de développer une tendance à la maîtrise de soi et à l'accomplissement de son devoir. La déconstruction des Lumières par Goethe signifie qu'il essaie de surmonter la réflexion chronique de la conscience malheureuse de l'expérimentateur qui ne peut que créer une incertitude généralisée des réglementations expérimentales. Pour Goethe, il devient important de transformer les principes spéculatifs en une action vitale, de surmonter la forme théâtrale de la connaissance expérimentale humaine, pour atteindre l'action pure de la raison morale.

Le temps post-romantique s'avère une condition de possibilité pour limiter l'égo-perspective de la conscience sublime et la transformer dans l'agent concrétisé d'un théâtre mondain. C'est ainsi qu'on passe au temps comme forme d'association stabilisante et objectivante de multiples perceptions, c'est-à-dire à une durée de typologisation morale et sociale où l'analyse de l'existence humaine vise à faire apparaître des habitudes perceptives, réflexives, motivationnelles et comportementales comme dictées par un certain type de réaction morale et sociale (Balzac, Gogol).

Le grand roman classique de la volonté universelle du XIXème siècle (Tolstoï, Dostoïévski, Gontcharov, Tourguénev) dépasse les frontières closes de la typologie sociale en démontrant la durée humaine comme mouvement évolutionel vers un but sublime du processus historique de toute l'humanité. Le temps chez les grands génies du roman épique et philosophique du XIXème siècle est une forme intuitive conditionnant la transformation des effets des décharges affectives en des réflexes de conscience et des orientations irréfléchies de l'entendement et de la volonté qui s'aliènent dans des jugements réfléchissants et des idées régulatrices de l'existence humaine. C'est ainsi qu'on peut refléter, assumer et imputer à toute conscience réactive des convictions objectivées à l'intérieur de l'esprit à partir de l'expérimentation totale de la nature pulsionnelle et réflexive humaine, qui se déploie dans la poétique romanesque. Le temps s'impose comme une forme de devenir inconscient des orientations conscientes. C'est pourquoi Anna Karénine dans son appréciation des valeurs nihilistes du monde assume une volonté de non-vouloir : « Tout est mal, tout est mensonge, tout est tromperie »[22] et Lévine formule le temps comme rapport à une forme transcendantale d'une sensation de soi où il prétend savoir pouvoir donner un sens du bien à tout moment de sa vie.[23]

Après l'apocalypse de la Première Guerre mondiale, où l'humanité s'est laissé guider par des formes plus archaïques de résolution des conflits, toutes les perspectives optimistes du développement du monde vers l'unité du bien, de la beauté et de la vérité se trouvent

---

[22] Tolstoï, L., *Anna Karénine,* Ebooks libres et gratuits, 2006. p. 520.
[23] Ibid., p. 590.

dévaluées parce qu'elles se convertissent directement en des ontologies naturelles et des projections idéologiques qui sont par définition inadéquates au sens initial de l'existence vécue.

C'est ainsi qu'on voit naître le roman phénoménologique (Proust, Kafka, Gorki) comme une recherche du « temps perdu », c'est-à-dire une réduction infinie et une mise à l'écart essentielle des attitudes naturelles comme modes réflecteurs et mimétiques de la pensée et du comportement réactifs dont la violence irréfléchie omniprésente avait envahi et envahi la réalité humaine. Le temps chez Proust[24] et Gorki[25] est une forme d'individuation et d'intériorisation infinies de la conscience intellectuelle et critique qui tend à réduire ses propres actes intentionnels, c'est-à-dire des effets des réflexes producteurs vers une simple contemplation de la changeabilité temporelle des choses du monde, vers un schéma sensibilisé abstraction faite des contenus objectivement vécus des certains moments de la vie. Le temps phénoménologique se veut une pure durée de l'action d'abstraire le caractère de flexibilité imprévisible des états du monde vital, sensoriel, réflexif et culturel et de transformer le produit imaginé et réfléchi de cette abstraction en un seul et unique objet de la jouissance spirituelle auctoriale.

Cette arrogance réductionniste de l'ego transcendantal propre au roman phénoménologique se trouve destituée dans l'écriture postphénoménologique (Borges) ou postmoderne où nous faisons face à la synthèse gravitante de l'auto-ironie auctoriale qui atteste sa propre impartialité dans le monde postapocalyptique en invoquant le temps

---

[24] Proust, M., *A la recherche du temps perdu.* Paris, Gallimard, 1981.

[25] Gorki, M., *La vie de Klim Sanguine,* Paris, Les éditeurs français réunis, 1949.

magique du retour éternel du même, donc du rapport à soi comme source de la force créatrice.

Borges s'avère être un lecteur perspicace de la tradition du roman phénoménologique. Il reprend la critique de la conscience symbolisante qui est le véritable objet de l'observation auctoriale chez Proust. Dans le contexte des réflexes philologiques biographiquo-centriques, il faut rendre justice à Proust dont l'œuvre ne se laisse pas réduire à un pur et simple fétichisme des moments vécus ressuscités ni aux conséquences produites par une conscience réceptive et imaginative dans l'ensemble des effets stabilisés et objectivés de sa nature pulsionnelle. Borges n'est pas un écrivain de la mémoire absolue de Funes ou de la bibliothèque universelle, il est un écrivain de la dynamique de la conscience qui se développe à partir de l'objectivation de ses perceptions de la même façon que Proust n'est pas un écrivain de la « madeleine », mais celui de la conscience qui prend une perception stimulante de « madeleine » pour un moment de son déploiement aboutissant à produire une certaine ontologie de la vie.

Chez Proust le schéma transcendantal de l'écriture romanesque se voit repensé dans une perspective phénoménologique où la vie de la conscience réactive transfigure toutes les perceptions stimulantes, tous les effets d'impulsions intérieures et extérieures dans des reflets de la conscience et des jugements aveugles portant sur la prose du monde, sur lesquels se basent les fameuses « lois psychologiques » comme régulatifs d'existence des attitudes naturelles qui doivent être suspendus au cours du déploiement de la force critique de l'égo intentionnel remontant à son pur temps éidologique.

Comment le tournant phénoménologique était-il possible dans la culture littéraire et dans la philosophie qui sont en fait deux versants de l'expérimentation totale des principes d'organisation de la nature ?

Il surgit comme effet du prétendu dépassement du nihilisme européen, c'est-à-dire comme résultat réfléchi d'une dévaluation des ontologies naturelles à partir d'une force convaincante de l'argument transcendantal et post-transcendantal. La philosophie transcendantale se développe en une justification formelle de l'organisation de la nature extérieure et du monde intérieur de l'homme en remplaçant la réalité objective des choses par des produits des facultés de la connaissance transcendantale – contemplation, imagination et recognition au niveau des phénomènes et par des produits aliénés de notre intuition intellectuelle, de notre autodétermination et de notre réflexion au niveau du jugement moral et du jugement sur l'harmonie (le jugement esthétique et téléologique).

Borges conteste tout d'abord la production synthétisante de la raison transcendantale en effaçant des unités représentatives de la tradition littéraire (héros, temps, image, événement etc.) par des multiplicités irréductibles. A cet égard, il s'oppose à la tradition philosophique. Dans l'idéalisme allemand, on s'aperçoit qu'on produit une réalité connaissable des choses du fait de pouvoir identifier des complexes reproductibles d'impressions plus intenses isolées, – abstraction faite des conditions objectives de leur réception –, à leurs essences (une synthèse de l'imagination productive) de façon aussi aveugle qu'on fait apparaître des orientations inconsciemment réfléchies de notre volonté et de notre agir du seul fait de s'aliéner dans les effets de décharges affectives et pour la seule raison qu'on objective les régulatifs éthiques à partir d'une simple occurrence de la réflexion des influences des perceptions stimulantes dans le sentiment intérieur et dans la volonté, anticipant ainsi un principe de cohérence harmonieuse du sensible et de l'intelligible du seul fait de refléter dans notre esprit des effets de notre prétention universelle à la jouissance positive du beau et à la jouissance négative du sublime (le jugement réfléchissant) ainsi que de refléter notre pressentiment de la raison architechtonique du monde (le jugement téléologique chez Kant). Toutes ces perspectives de la production des jugements régulateurs ne s'avèrent pour Borges que les ontologies naturelles.

L'écriture borgésienne ainsi que celle de Proust produisent en masse des attitudes naturelles comme modes irréfléchis d'existence des consciences réceptives, réactives, imaginatives et réflexives. Le caractère de fonctionnement des ontologies naturelles construites par des consciences réactives comme modes d'individualisation inadéquate au sens initial du monde devient l'objet d'un témoignage distancié et implicite du narrateur et de l'observation désintéressée intellectuelle de la scène du monde par l'auteur qu'il retrace en tant qu'horizon de toute réception des perceptions stimulantes, de toute transformation intentionnelle des données intuitives, de tout réflexe inconscient comportemental et de toute réflexion sur la vérité de la réalité. Incontournable pour l'analyse des textes borgésiens et proustiens, la distinction entre un auteur, un narrateur et un personnage est découverte par le phénoménologue russe Mikhaïl Bakhtin dans son ouvrage : « L'auteur et le héros dans l'activité esthétique »[26].

Borges reprend la veine de l'analyse phénoménologique, celle des relations d'un narrateur, d'un héros et de l'auteur, sans oublier celle de Proust. Les consciences réactives chez Proust s'individualisent en transformant les effets des décharges affectives de leur sentiment intérieur en des réflexes perceptifs et comportementaux et en des orientations aveugles de la perception, de la pensée, du

---

[26] Bakhtin M., *Автор и герой в эстетической деятельности*, Эстетика словесного творчества. Moscou, Искусство, (*L'auteur et le héros dans l'activité esthétique*) 1979, p.7-162.

vouloir et de l'agir de façon aussi irréfléchie que le narrateur réduit ces attitudes naturelles à une prose instinctive du monde du seul fait qu'il s'en approprie une vision critique et désintéressée de la réalité humaine.

Il est clair que la méthode transcendantale chez Proust devient une opération capable de construire la réalité et des modes de son appréhension. Le sens de la construction chez Proust consiste à filtrer des données intuitives comme étant les effets les plus intenses des décharges affectives en les objectivant en réflexes de conscience, en habitudes de la pensée, du vouloir et de l'agir, en orientations aveugles qui donnent tout un matériau pour révéler des règles objectivées du dynamisme de l'être, et donc, les fameuses « lois psychologiques ».

Chez Proust, l'ontologie naturelle est la construction aveugle opérée par une conscience symbolisante, par suite, un produit de la synthèse transcendantale de l'imagination productive. En faisant de la circulation à vide des ontologies naturelles (de la vie, de la littérature, de l'art, de la mondaineté, etc.) un objet de son analyse, Proust montre, par exemple, comment le narrateur passe (mais pas dans l'ordre successif de la narration) de (1) la perception stimulante d'amour jalouxvis-à-vis d'Albertine à (2) la réflexion chronique sur la vérité des causes de ses perceptions stimulantes qui présuppose, quant à elle, une (3) coupure de la série réflexive sur la perversité d'Albertine opérée par un acte de la volonté de non-vouloir (qui reflète un acte du non-vouloir de l'Absolu, chez Schelling, c'était aussi un acte de la volonté), c'est-à-dire par un passage à une autre série perceptive et réflexive. Cette réflexion mène à (4) une prise de conscience des mouvements refoulant les traumatismes de l'expérience d'amour et (5) à une prise de possession de soi du narrateur dans le devenir involontaire de sa volonté où il s'habilite à ne plus aimer Albertine. Et après (6) un jeu de dénégations et de controverses intentionnelles, le narrateur passe à (7) une synthèse aveugle transcendantale, donc, aux généralisations émises sur la nature régulatrice et sur la formulation des « lois psychologiques » de la jalousie.[27]

Borges considère, sans aucun doute, qu'une telle dynamique de la conscience symbolisante constitue le véritable sujet de sa critique intellectuelle et artistique. La conscience symbolisante est une conscience qui traduit ses propres réflexes dans les soi-disant ontologies naturelles, c'est-à-dire dans ses propres projections transcendantales, qui ne correspondent absolument pas en fait au sens de la réalité.

Ces projections établissent en effet l'identité de l'être et de la pensée, en donnant naissance aux attitudes naturelles de perception, de pensée et de l'action. Dès son plus jeune âge, le héros du récit « Les tigres bleus »[28], ressent un penchant naturel pour la contemplation des tigres. Il transforme cette inclination en un réflexe sublime de sa conscience, puis en un projet de recherche. Il surmonte les stéréotypes de la tradition littéraire (Blake, Kipling), qui reliait l'image du tigre aux forces négatives de l'être et part à la recherche de vrais tigres bleus.

Le bleu est une couleur qui n'existe que dans l'imagination, car le héros voit les tigres bleus dans ses rêves. Ce n'est pas sans raison que Borges introduit dans le récit la fascination du héros pour des tigres bleus comme première étape de l'évolution affective et réflexive de sa conscience symbolique. En fait, cette étape signifie un retour à la contemplation de l'animal totémique et de sa couleur intense, car le totémique symbolisait un remplacement du sacrifice humain qui était censé garantir la satisfaction des besoins essentiels du groupe ethnique.

---

[27] Proust, M., *Le temps retrouvé,* Paris, Gallimard, 1927. p.17-18.
[28] Борхес Х.Л., *Сочинения* [*Borges J.L. Oeuvres*]. M., 2011. C. 67-72.

Le culte de l'animal totémique a ainsi réglé les relations sociales au sein du groupe et du groupe avec le monde extérieur par le biais d'interdictions relatives à l'inceste et à la mise à mort de membres des tribus. Par conséquent, le totémique de Borges exprime un fantasme littéraire de l'identité de l'être et de la pensée, d'un stimulus et d'une réaction, le fantasme d'un stimulus, dont la perception sert en soi de réponse gratifiante de la nature à la conscience réactive.

De façon que Lacan, dans sa psychanalyse, construit les niveaux du psychisme humain : en symbolique, en imaginaire et en réel, Borges oblige son héros à chercher des pierres magiques, en lui donnant la raison pour laquelle son intérêt pour les tigres bleus disparaît. Le héros de Borges devrait se plonger dans une couche de culture plus archaïque que le totémisme, la culture précédant l'unité identificatoire de l'ethnie et la symbolisation d'un seul corps imaginaire, c'est-à-dire une culture d'un corps désintégré en dehors de l'identification, d'un corps d'animisme sublimé, donc, un culte des pierres bleues émergentes et disparaissantes.

Le culte des pierres bleues est une contemplation initiale d'innombrables variations et combinaisons numériques avant et en dehors du premier corps imaginaire. Borges amène son héros à rendre toutes ses pierres à un mendiant qui représente apparemment le pouvoir de la parole afin de recevoir le contre-don qui consiste à une combinaison finie des circonstances de sa vie. Parce que le héros ne peut plus supporter la contemplation des multiplicités magiques, il est exposé à se fermer les sources de l'imaginaire en devenant un destin particulier. Dans ce récit, on voit bien tous les effets de la critique qu'opère Borges de la conscience symbolisante comme essence du nihilisme européen.

Chez Borges, on voit une singularisation de la conscience symbolisante qui se produit à la façon dont le Dieu judaïque de parole se singularise par rapport à tous les autres dieux jusqu'à renoncer à sa transcendance, c'est-à-dire à renoncer à posséder un objet magique (« livre des sables », des « pierres bleues », une « mémoire infinie », « aleth » etc.) parce qu'il s'est exposé à subir la *kénosis*, donc, l'humiliation de soi qui doit confirmer obligatoirement l'existence de l'infini. Ce mouvement de la révélation du Dieu de la parole rend possible à part entière la dynamique affective et réflexive de la conscience réceptrice des personnages et du narrateur chez Borges.

A travers la structure transcendantale de l'Ego symbolisante du héros des « Tigres bleus » s'enchaînent (1 – une réception d'un effet d'une décharge affective (aimer des tigres), 2 – une transformation de cet effet reflété dans cette inclination à la contemplation des tigres et le projet de leur poursuite du seul fait de simplement refléter cette inclination dans l'entendement passif et la volonté sublime, 3 – un refoulement du l'inclination envers les tigres par une autre perception stimulante, celle des pierres bleues qui consiste à se laisser fasciner par un autre image de l'infini, qui marque une vraie violation de l'interdit de figuration et de prononciation du nom, 4 – une situation du châtiment consistant à faire ressentir au héros des affects d'angoisse, d'ennui, de fatigue, c'est-à-dire une révélation du sublime comme objet traumatisant de la contemplation, une vraie rechute de la conscience symbolisante dans le cyclisme traumatique et la réflexion chronique, 5 – une naissance du désir de se libérer de la sensation traumatisante, une conversation du personnage principal avec un mendiant qui reste bien sûr une projection du héros qui finit par refouler sa contemplation de l'infini, par renoncer à consommer les effets de visualisation d'une totalité.

Mais l'esprit sublime du héros qui ressent son lien indispensable avec la source de toute créature, rechute dans un affect de singularisation obtenu en renonçant à un objet magique. Et c'est le prix qu'il a précisément à payer pour confirmer sa capacité à contempler l'infini et à confirmer l'existence elle-même de l'infini à la façon dont le Dieu judaïque de la parole se fait homme et établit sa transcendance en assumant sa finitude (cf. Schelling, et sa « Philosophie de révélation »). Mais pour la culture littéraire moderne et postmoderne ce mouvement de la conscience réactive ne mène nulle part car toute tentative d'un perfectionnement de soi entrepris à partir d'une simple réflexion sur des décharges affectives de la nature pulsionnelle présuppose qu'on prolonge ainsi une violence dans l'humanité.

Le monothéisme devenu dans sa version chrétienne une attitude réflectrice d'une conscience réactive fait un objet de la critique artistique et intellectuelle de Borges sans qu'il puisse dépasser des limites de la littérature elle-même comme parole indirecte, comme représentation de l'ensemble des relations de l'auteur, d'un narrateur et des personnages, sans passer à la réflexion philosophique des résultats de sa critique.

L'œuvre de Borges est en quelque sorte un appel à surmonter la dévalorisation des valeurs par la mise en lumière des moments du déploiement de la conscience affective et réflexive qui depuis l'expérimentation sur sa nature régulatrice éprouve l'indéterminabilité foncière de ses propres orientations perceptives, cognitives et actionnelles. Ce n'est pas par hasard que le héros de son récit est un lecteur de Spinoza chez qui on voit justifiées toutes les émanations de la substance dans l'ensemble des désirs et des pensées d'une personne qui ne peut pas ne pas choisir une voie de perfectionnement au moyen d'une simple maîtrise de soi.

Chez Borges, ce schéma téléologique fait face à son échec en tant qu'accomplissement du but sublime de l'humanité : celui-ci se trouve dépourvu de sens en dévoilant une fiction de la fiction, une fiction du projectisme de la conscience sublime. Le héros du « Jardin des sentiers qui bifurquent » est exposé à lire herméneutiquement le signifiant de sa situation vitale et d'y faire un choix tragique pour lui afin de ressentir l'énorme fatigue et la douleur, et donc, les affects propres à la conscience nihiliste. Borges nous fait voir une circulation des décharges affectives dans la conscience réactive et des orientations qui s'y reflètent de la perception, de la pensée et de l'agir qui en découlent pour nous inciter à prendre une réelle distance par rapport à la dynamique de cette conscience.

La situation conceptuelle des scénarios littéraires de Borges consiste à montrer la finitude de l'existence qui consiste à limiter les liens combinatoires et à produire un destin particulier au lieu de se faire contempler des multiplicités indéfinies de signifiance auxquelles l'auteur tend à réduire toutes les attitudes naturelles. La poétique des « Quatre histoires » en témoigne en montrant la répétition de la thèse du narrateur : on ne fera qu'y répéter les invariants narratifs sous des formes différentes. Mais la ville assiégée, le retour chez soi, la poursuite du miracle et le suicide d'un dieu ne sont pour Borges que des phantasmes de l'histoire humaine où la réalisation du bien sublime n'est plus possible. Le langage aspectuel de Borges inverse le fondement de ses phantasmes, et donc, l'imaginaire mythologique et littéraire pour n'atteindre que la pureté de l'esprit critique et vigilant, une sorte d'ego post-transcendantal.

La littérature est pour Borges un art conceptuel et post-phénoménologique où la structure même de la connaissance éidologique de l'objet intentionnel peut être mise en question. On peut bien entendu repérer son ironie sur la méthode phénoménologique dans le « *Rapport de Brodie* » et « *Borges et moi* » où l'auteur nous montre la finitude de la position intellectuelle du héros qui transcende les préjugés sociétaux des tribus primitives et les réflexes imaginatifs de la conscience littéraire. C'est pourquoi Borges nous semble fonder les conditions de l'art post-moderne dans sa critique interminable de la conscience auctoriale.

Chapitre 3

Deleuze et la mise en question de la création : la production des signes, l'interprétation, le problème de méthode

Deleuze lit une création artistique comme production et interprétation des signes. Sa conception de l'intensité comme fondement du devenir vital de tout phénomène du monde intérieur et extérieur, a été influencée par Spinoza et le bergsonisme. Elle lui a permis de discerner et de dégager les calculs combinatoires de signaux dans une œuvre littéraire ou artistique. Ces signaux s'y manifestent comme produits d'une transformation des données affectives dans les reflets d'une conscience réactive et ils stabilisent les reflets intellectuels des jugements aveugles portés sur des régulatifs de la nature intérieure : sur ceux qui déterminent des modes de réactivité sociale en les exprimant dans un langage d'attitudes naturelles.

C'est pourquoi chez Deleuze *La recherche du temps perdu* de Proust représente une scénographie de multiples échanges signalétiques sans qu'on puisse comprendre comment l'occurrence d'un échange s'y transforme en un stimulus principal, celui qui déclenche une interprétation intensive de la part du narrateur.[29] C'est la raison pour laquelle la peinture de Bacon se laisse voir comme le jeu gratuit des forces intensives qui déforment la figuralité,

[29]Deleuze G., *Proust et les signes*. Paris, PUF, 1998. p. 218.

l'espace et la couleur parce qu'elles ne sont que les empreintes d'un acte de volonté créatrice. C'est pourquoi enfin le cinéma peut prétendre s'égaler à une révélation des plis du temps.

Demeure pourtant la question de savoir en quelle mesure Deleuze imite lui-même la création artistique. Ne l'imite-t-il pas comme il la conçoit, c'est-à-dire comme recherche aveugle de lignes compositionnelles et de signes qui seraient les reflets des perceptions stimulantes, et donc, du langage des effets affectifs ? Ne l'imite-t-il pas jusque dans sa méthode, qui consiste à analyser les degrés d'intensité comme des formes d'affection de soi, comme des formes d'affection d'une substance sans substance, baptisée « corps sans organes » ?

A notre connaissance, le temps proustien est un mode perceptif *a priori* permettant d'unifier des apparitions du perceptible dans des séries événementielles des mondes vitaux des consciences réactives, mais il ne se limite pas à cela. Le temps proustien soumet en effet la multitude des habitudes naturelles à une Idée ou à une vision conceptuelle ainsi qu'au jugement critique qui en découle pour faire apparaître l'espace ouvert comme horizon de la coexistence gratuite des modes réactifs permettant de vivre les contenus intramondains.

La position de Deleuze sur ce point est donc contestable. Le temps du narrateur y débouche sur un horizon d'auteurs qui réduit les effets observables de toutes les consciences naturelles dans leurs apparitions vitales et intellectuelles à leur composition dans un tableau de leurs pures réactivités. C'est dire qu'il les réduit aux réflexes irréfléchis des sensibilités impulsives intramondaines de telle façon que le temps du rapport à soi de l'auteur se réduit au fait de pouvoir se rapporter à lui-même, c'est-à-dire d'accompagner, et de se reconnaître accompagner, chaque perception, chaque pensée, chaque jugement des agents. Il le fait en s'identifiant lui-même dans l'action consommatoire de l'intuition intellectuelle par laquelle il juge de l'imperfection du monde et de sa prose nihilisatrice, des modes de production des valeurs et grâce à laquelle il se reconnaît pouvoir en juger.

Deleuze ne parvient donc pas à saisir le caractère phénoménologique de l'écriture proustienne car il la représente comme une pure et simple conscience réflexive attestant des modes d'opérance des attitudes naturelles en elle. Il ne repère donc pas les accents téléologiques du narrateur qui réagit aux effets des décharges affectives des sensibilités impulsives, de leurs croyances et de leurs positions, de leurs actes de prise de conscience inadéquats à l'égard de la vérité de la réalité sociale et historique observable. Il fait donc totalement abstraction de cette vérité dont la recherche inlassable s'effectue pourtant dans la conscience critique du narrateur du roman.

Au lieu d'analyser les accents critiques du narrateur, le chercheur d'intensités deleuzien cherche un événement. Il le fait en oubliant que le hasard manipulé, l'accident involontaire et voulu sont des mouvements structuraux de la force créatrice du peintre, de son rapport d'auto-affection à lui-même. Il retrace son parcours d'intensités en se contentant de mettre en marche un surplus de volonté de puissance et d'objectiver ses effets dans la réaction psychomotrice irréfléchie, dans la production du geste qui fait apparaître sur la toile un signe absolument libre, reflétant des relations entre des forces déjà intuitionnées et sélectionnées de façon à ce que la conscience géniale ne jouisse que d'elle-même.

Car cette conscience se perd alors dans la réception passive des résultats de décharge affective en s'aliénant dans l'accomplissement d'un mouvement moteur, qui stabilise des contenus affectifs sélectionnés sous les formes visibles d'un trait et d'une couleur. C'est ainsi qu'à ses yeux, un peintre ou un écrivain transforme le monde des relations responsables en une multitude indéfinie d'impressions plus intenses pour s'engager à choisir tel ou tel ensemble d'influences intensives du seul fait qu'il s'en affecte en les intuitionnant.

Avec le dévoilement de la multitude de reflets d'affects, on fait face au problème de l'infini que Deleuze traite dans ses cours sur Leibniz.[30] L'infini est une projection de l'intuition intellectuelle qui aliène son propre mode d'opérance en objectivant un rapport à soi du seul fait qu'il intuitionne ses propres contenus. A chaque fois que j'ai à percevoir, à comprendre, à désirer ou à agir, je me réfère à moi-même comme à une structure intuitionnée, comme à une matrice qui rend perceptible, compréhensible, désirable, incitatif à l'action vis-à-vis de tout ce qui peut apparaître en tant que tel à l'esprit. Le retour éternel de la force intensive comme source de toute perception stimulante remplace le monde réel par des effets synthétisants de perception, de pensée, de volonté, et d'intention d'agir sans avoir à juger de l'objectivité des contenus objectivés du perçu, du pensé, du voulu et de l'intentionnel.

Le monde s'y conçoit lui-même comme projection unifiant des multitudes sérielles, conçues dans leur productivité pour pouvoir jouir de leur propre objectivation en prenant conscience de l'inégalité de chaque individualité dans la façon perspectiviste dont elle-même peut jouir de sa limitation irréfléchie comme étant le rapport constitutif d'elle-même. Mais elle ne produit ce rapport qu'en mimant la détermination de soi, originaire, propre à la Monade des monades qui effectue son ascèse de jouissance d'elle-même en se donnant le temps et l'espace de développement des multitudes.

---

[30]Deleuze G., *La philosophie de Leibniz*, Paris, Minuit, p. 1-20. http://www.deleuze.com/php/texte?cle=47&groupe=Leibniz&langue=1.

Elle se donne déjà ainsi, chez le Leibniz de Deleuze, le pressentiment de la nature des Lumières. Celle-ci va pouvoir à son tour s'expérimenter elle-même du seul fait qu'elle reçoive et objective sa propre stimulation à s'expérimenter. L'enjeu en sera de requestionner les conditions d'existence de la nature extérieure et intérieure de l'homme. La prosopopée de Leibniz est une parole d'exercice perspectiviste, elle n'est pas encore expérimentale au sens des Lumières, là où la visualisation va se dévaloriser et apparaître comme le seul et unique critère de la véracité du connaissable, car elle ne fait que se contenter de constater les effets de la synthèse passive au niveau de la perception monadique et de l'appétit, conçu comme volonté d'enchaîner des perceptions.

Leibniz fait advenir le monde des multiplicités substantielles en accueillant la stimulation constituante de l'accueil de ce monde. Cela consiste à faire se refléter la perspective absolue dans un partage des points de vue individuels. Il distribue cette perspective à des individualités qui, dans leur tendance appétitive à enchaîner leurs perceptions, doivent refléter le point de vue de l'Absolu en s'affectant par rapport à lui de leur état limité. Elles deviennent des visions individualisées sans avoir encore à prendre conscience de leur finitude puisqu'elles miment la quasi-finitude de l'Absolu qui se limite lui-même en produisant des multitudes de substances.

C'est pourquoi le visible est inclus dans un point de vue à la façon dont la pensée sera comprise. Celle-ci est en effet conditionnée par la syntaxe de la philosophie du langage dans un contexte langagier comme habitude irréfléchie de refléter les effets de la forme intérieure d'un contexte logique. La construction monadologique est due à l'inversion de stimuli selon laquelle on transforme nos réactions, notre activité de percevoir en l'unique but gratifiant de notre transformation en conscience réactive, dans la constitution de laquelle nous y affectons de nous-mêmes. On s'y identifie à une seule action consommatoire à laquelle on s'identifie toujours déjà en refoulant le trauma d'une prise de conscience de l'indéterminabilité de la réalité expérimentée : en se sublimant comme « *mathesis universalis* » et « *sapientia universalis* ».

Ce point de vue approché comme perspective filtrante et projectrice transfigure la réalité concevable en séries infinies de soi et du monde : ces séries apparaissent comme les résultats de l'activité synthétisante de l'imagination, comme des multitudes d'impressions primaires, sélectionnées à la fois de façon irréfléchie et de façon intuitive : en s'identifiant au contenu prétendument objectif du vécu et du perçu. La manifestation du visible que désigne Deleuze par la notion de percept est un résultat de la transformation des effets des décharges affectives dans des données de l'aperception des choses et des états du monde, du monde des multitudes de schèmes qui guident l'entendement vers le travail conceptuel, c'est-à-dire vers une construction des concepts de choses et d'états de fait qui s'avère aussi aveugle que le sont les schèmes formés par une objectivation des impressions sélectionnées et isolées par l'imagination. C'est pourquoi des séries infinies du monde se voient enveloppées dans le sujet dont l'entendement reflète le mode d'opérance de l'imagination dans son activité synthétisante en formant des prédicats, c'est-à-dire en en donnant des définitions conceptuelles.

L'enveloppement des séries infinies du monde comme multitudes des schèmes perspectivistes et identifiants des choses perceptibles est une pure et simple réflexion des effets schématisants de l'imagination dans l'entendement à partir de laquelle il devient possible de conceptualiser des schèmes conçus en leur attribuant la fonction de porteurs essentiels de qualités et de relations.

Aux yeux de Deleuze, le sujet leibnizien se laisse toujours définir comme concept ou comme notion dans l'aperception individuelle qu'il a de lui-même. Il se développe dans une activité de perception et dans l'enchaînement des perceptions qui le constituent de façon à parvenir à l'esprit, à l'âme. C'est ensuite à celle-ci de faire sa lecture d'elle-même et du monde en se contentant de se laisser refléter dans le schématisme de l'imagination, dans des essences produites par l'entendement en oubliant que les contenus consommés de cette manière ne sont, en tant que reflets des états dits objectifs du monde, que ses propres produits. Les séries infinies des états du monde en tant que schèmes reproductibles et identifiables dans le percept par les effets de l'intuition sensible conditionnent une unité du représentable et du pensable dans l'enveloppement du sujet, c'est-à-dire dans son intuition intellectuelle où tout le reproductible devient pensable prédicativement par l'entendement du seul fait qu'il se fait réfléchir comme l'ensemble des représentations stabilisées, reconnues une fois pour toutes dans la raison humaine.

L'âme lit ses propres prédicats en jouissant de leur cohérence parfaite avec le percevable. Car le concept se forme à partir de l'objectivation des schèmes perceptifs en même temps que son point de vue ou son appétit vit et peut vivre des états du monde, c'est-à-dire en même temps que l'âme y jouit de percevoir une correspondance absolue entre les états du monde perçu et les contenus conceptuels formés par une unification aveugle des reflets de la conscience réactive dans son activité schématisante.

On reçoit des perceptions stimulantes des états du monde, on transforme des ensembles de perceptions en schémas reproductibles et identifiables dans des séries infinies, et ce, de façon aussi irréfléchie qu'on produit des formes d'identité conceptuelle dans l'entendement du seul fait qu'on peut les penser et les abstraire de leur occurrence dans des contextes vitaux et mentaux. On identifie le perceptible dans la perception et le visible dans la vision, de façon aussi immédiate qu'on identifie le pensable dans la pensée. C'est ainsi qu'on réactive la prosopopée judaïque du Dieu de parole qui a identifié la réalité aux effets de sa parole : de la même façon, la réalité est ici préalablement assumée par une conscience réactive, constituée comme reflet de l'harmonie entre les sons émis et les sons entendus.

Deleuze a donc reproduit purement et simplement la prosopopée judéo-chrétienne dans sa démarche conceptuelle. Il revendique pour lui la valeur d'une monade et du perspectivisme monadologique en définissant le sujet comme porteur du nom propre et en démarquant par là la conception de sujet pensant chez Descartes, car pour Descartes l'expérience de la connaissance de la nature intérieure tout comme celle de la nature extérieure se laissait unifier à partir d'une pure et simple coreprésentation du moi, d'un moi coagissant en toute perception, en toute pensée, en tout désir et en toute action.

Le sujet enveloppant garantit l'unité de l'expérience et de l'expérimenté à partir d'un acte de volonté qui accompagne nécessairement l'expérience de la représentation réflexive de soi. Le nom propre est un nom du vouloir qui enchaîne ses perceptions en les substituant à la réalité objective du seul fait qu'il puisse exercer sa capacité créatrice à la façon dont le Dieu judaïque de parole s'approprie son propre nom imprononçable en abolissant toutes les formes de vie sociales, morales, juridiques, politiques, esthétiques des cultures polythéistes précédentes du seul fait qu'il impose à tous, les interdits de prononcer son nom et de se figurer une image de lui sans pour autant avoir à juger des contenus objectifs des mondes culturels qu'il dépasse de façon aussi violente.

L'individu en tant que notion perspectiviste ou que vision reflétée en elle-même ne se réduit pas à l'aperception cartésienne de lui-même, qui produit une unité identifiable de son expérience à partir du coagir représentatif de l'ego transcendantal dans chaque perception ou dans chaque acte de la pensée, mais « le concept va jusqu'à l'individu. »[31] Il s'érige comme quelque chose qui occupe le point de vue en enveloppant la série infinie du monde, c'est-à-dire en atteignant une source transcendantale de l'appétit, celle qui lui permet de recevoir et d'enchaîner des perceptions comme séries infinies en les substituant au réel perçu et pensé. Il les substitue au réel comme résultats de l'isolation et de la généralisation magique objectivante du perceptible opérée par l'imagination et l'entendement.

Deleuze déclare l'identité de l'individualité et du concept parce que c'est précisément l'individu qui, en tant que conscience réactive, en tant que substance individuelle, transforme la réalité dans l'ensemble des effets des perceptions stimulantes : l'individu est ainsi caractérisé par la compréhension actuellement infinie qu'il a de ces perceptions. C'est dire qu'il identifie des aspects de la réalité vécue à des formes de l'intuition sensible ou à des états du monde commun, à des contenus ressentis et filtrés, projetés selon leur intensité dans des schémas, programmant ainsi la connaissance de tout phénomène vital.

Mais cette compréhension est irréfléchie en elle-même car elle mime nécessairement la synthèse passive de la réception des perceptions stimulantes effectuée par l'intuition primaire. Je reproduis des effets sélectionnés et

[31]Ibid., p. 8.

appropriés de décharges affectives à la façon dont je forme mes propres prédicats comme conditions de possibilité de représenter et de penser un phénomène en tant que tel : à partir d'une généralisation irréfléchie des reflets d'une conscience réactive en produisant des habitudes de présenter à l'esprit tel ou tel schème ou telle ou telle essence.

L'individuation d'une monade en tant que formation du tableau du monde à partir des affects transfigurables des perceptions stimulantes suppose donc pour Deleuze le christianisme, c'est-à-dire le programme philosophique d'une justification d'un principe de la réalité tout comme celui d'une justification d'un principe de la connaissance : il suppose un principe de recherche ancré dans la preuve ontologique de l'existence de Dieu comme être infiniment parfait. Deleuze mime la métaphysique de Leibniz au regard de la théodicée pour pouvoir justifier sa propre démarche philosophique, à savoir pour vouloir pouvoir fonder tous les phénomènes vitaux, sociaux, moraux, esthétiques sur des effets d'agencement aveuglément perçus et reflétés par l'unique action de la force intensive.

Il en va pour Deleuze exactement comme il en allait pour Leibniz. Pour Leibniz la capacité perceptive et appétitive d'une monade trouvait sa raison suffisante dans le principe supérieur de mise en cohérence absolument parfaite de toutes les stimulations reçues et de tous les mouvements réactifs produits : de même, pour Deleuze, tout l'apparaissable pour l'intuition sensible et pour l'entendement ne peut pas ne pas advenir à la nature humaine, qu'il a généreusement identifiée aux effets gratuits de l'intensité. Mais pourquoi la perfection, comme principe supérieur travaillé par la métaphysique, refoule-t-elle le trauma de l'indéterminabilité de l'expérience venue de l'expérimentation généralisée, c'est-à-dire incarnée dans la *mathesis universalis* et dans la sagesse universelle comme sphère d'une recherche délibérée des principes d'organisation de la nature extérieure aussi bien que de la nature intérieure ?

Les résultats de l'expérimentation de soi dans la culture européenne font naître un doute hyperbolique cartésien, qui s'opère en abolissant toutes les conditions préexistantes de la perception du connaissable, de la pensée, du désir et de l'agir pour pouvoir former les idées du vécu par la seule et unique activité synthétisante de la raison représentante à partir de la cogitation de l'ego transcendantal. Car celui-ci produit une unité de l'expérience du seul fait qu'il accompagne chaque représentation, chaque perception et chaque acte de pensée et qu'il s'y reconnaît les accompagner en attestant de lui-même et devant lui-même comme leur seule et unique source d'objectivation.

La perfection métaphysique en tant que principe régulateur de toute perception et de toute pensée, venu de la projection objectivante de l'idée de l'entendement sur l'harmonie du perceptible et du pensable atteint son opérance effective du seul fait que les résultats du filtrage impulsif des impressions primaires soient identifiés aux états du monde objectivement donnés. C'est pourquoi Deleuze utilise une analogie géométrique et physique de la notion d'infiniment parfait en la comparant à un cercle carré et à la définition d'une vitesse absolument grande. Car l'infiniment parfait n'implique aucune contradiction.

La contradiction de la raison est un résultat de l'activité synthétisante selon laquelle la raison pose ses propres limites dans la représentation et dans la pensabilité des concepts en se permettant un mouvement dialectique pour rechercher une solution anticipée, pour trouver sa paix intérieure en justifiant devant elle-même sa force de véracité : et donc, en consommant l'objectivation de sa propre cohérence dans l'idée de l'infiniment parfait, dans l'idée métaphysique de Dieu. L'infiniment parfait en tant qu'ensemble de toutes les possibilités est possible parce que la représentabilité et la pensabilité de tout phénomène du monde se transforment dans sa condition d'existence du seul fait qu'on y projette en un phénomène donné une cohérence du perceptible approprié à l'intuition et du pensable, formé sur la base des aperçus affectifs. C'est ainsi qu'on s'autorise d'aliéner un effet de cette cohérence dans l'organisation dite objective de la nature expérimentée, d'une nature à la fois intérieure et extérieure.

Peut-être l'art (sous la forme de la peinture, de la littérature et du cinéma) qui hante dès ses débuts la pensée deleuzienne représente-t-il pour Deleuze une action consommatoire, fermée en elle-même, de la conscience réactive ? Celle-ci s'apaise en effet chez lui dans la réception et la réflexion de ses propres produits aliénés dans les effets visuels, sonores et verbaux à la façon dont la monade leibnizienne jouit de la consommation de ses propres enchaînements des perceptions, identifiés par elle à des états du monde. Ne suffit-il pas à cette conscience de conformer parfaitement ses propres perceptions, enchaînées par l'appétit intuitif, à l'action aliénante et objectivante de mise en cohérence du perceptible et du pensable accomplie par l'intuition productrice ?

Deleuze identifie deux voies par lesquelles la peinture moderne a tenté de dépasser la figuration[32] : l'abstraction et la Figure, destinée à produire un effet sensationnel, c'est-à-dire un effet qui détruit le cliché d'une figuration identifiable au risque de ne plus pouvoir s'y référer. La Figure s'avère consister en une coexistence intensive de formes déformées qui permettent de créer une individualité picturale au sens d'un événement intensif en

---

[32]Deleuze G., *Francis Bacon. Logique de la sensation.* Paris, Seuil, 2002, p. 39.

neutralisant leurs effets de ressemblance sans pour autant rechuter dans l'indifférence complète d'un ensemble d'index divers choisis par l'imagination sélective de l'artiste.

Mais peut-on effectivement se contenter de mettre en lumière le caractère de brouillage des effets informels de la composition déformante et sensationnelle de la Figure pour savoir comment attester de son identité conceptuelle ? Peut-on se contenter de constater le fait que la Figure détourne des repères intentionnels de la figuration en produisant une image de rapports différents comme contenu absolument nouveau, comme le possible de toutes les possibilités coreprésentées ?

Selon Deleuze[33], un artiste, dans son rite chamanique de peinture, abolit toutes les conditions de création précédentes pour pouvoir transformer les acquis de la tradition picturale en une liste vierge de son pouvoir imaginatif. C'est dire qu'il en fait l'ensemble indéfini des impressions primaires, des données picturales, des clichés stabilisés, des effets figuratifs et narratifs où il choisit aveuglément un matériau thématique, coloriste et pourvu de contours en fonction de la réception passive des impulsions les plus intenses par la conscience réactive, dans la visualisation des effets sélectionnés par l'imagination créatrice : il produit des ensembles déformants des formes, plus précisément des rapports différentiels d'effets informels en dépassant l'intentionnalité des formes figuratives de façon aussi irréfléchie qu'on efface une toile à peindre de tous les préjugés de la tradition culturelle et qu'on reçoive des perceptions stimulantes du seul fait qu'on les saisisse et qu'on leur impose les dictats les plus intensifs provenant des décharges affectives.

---

[33]Ibid., p. 83.

Dans cette situation de l'expérimentation de soi que nous donne l'expérience de l'art moderne, on ne fait que rapporter l'acte initial de création à une abolition chamanique de toutes les conditions précédentes de l'existence humaine. On ne fait donc que reproduire cette violence préliminaire de l'imagination en s'y identifiant aveuglément à un fait figural, après l'avoir transformé en une action consommatoire absolue, fermée sur elle-même. C'est dans cette action consommatoire absolue que des réactions spontanées à des impulsions primaires deviennent elles-mêmes des stimuli producteurs pour la conscience réactive de l'artiste et du spectateur. C'est ce qui est pensé par Deleuze dans sa notion d'œil haptique[34], par lequel l'artiste soumet sa main et son œil percevant à l'action de saisir un accident ou un ensemble de séries accidentelles dans leur devenir même.

Le réactivisme mimétique de la vision et de l'action motrice qui sont engendrées par la réception des perceptions stimulantes de la nature pulsionnelle, se voit ainsi sublimé dans une vision (une vue) haptique : celle-ci se perçoit et se réjouit d'elle-même comme la conscience pure des effets fulgurants des liaisons accidentelles déformantes venues d'un mélange de formes et de contours reconnaissables figurativement à partir des codes et des ressemblances qui étaient déjà connus dans la tradition picturale. L'œil haptique est un appareil de jouissance saisissant des apparitions discontinues des liaisons productrices entre des formes amalgamées dans leurs rapports différentiels du seul fait qu'il puisse ressentir un effet visuel et réflexif venu d'une prise de conscience des différences entre des formes référentielles utilisées dans l'ensemble déformant qu'est celui d'une Figure.

---

[34] Ibid., p. 130-131.

La conscience créatrice dans l'art moderne jouit de sa propre activité picturale en s'aliénant dans l'oubli pragmatique du fait que des effets décomposants rendent possible la visualisation dans la Figure d'un jeu d'articulations informelles et inouïes qui sont ses propres produits. Ce ne sont pourtant que les produits d'une conscience réactive qui s'y oublie elle-même à la façon dont la conscience chamanique oublie la crise et le trauma qui l'ont appelé à l'existence, en effaçant la mémoire de sa propre production aveugle des régulatifs de la perception, de la pensée, du désir et du comportement auparavant exclus, mais rendus ainsi accessibles dans la décharge rituelle qui les accueille et les fait accueillir comme les dons gratifiants qui émanent de la nature supérieure.

Chapitre 4

Bataille, Blanchot, Derrida : le langage du désir, les impasses de l'expérience, le problème de l'effacement

Le langage du désir comme étant l'expression essentielle de l'être humain dans l'existence exprime le programme philosophique de ladite postmodernité. Il réfute le dogmatisme positif téléologique de la connaissance transcendantale de la nature humaine. Le fantôme de la post-ontologie (Blanchot, Bataille, Derrida) la hante. Il poursuit un dépassement de l'éidologie phénoménologique dans ses synthèses intentionnelles : dans « l'écriture aveugle ».

Mais il signifie en fait qu'a lieu un enregistrement automatique de la « trace de la différence » (la voix de l'Autre) dans une expérience communicationnelle dont des résultats sont directement saisis par l'expérimentateur comme les reflets schématisés venus des décharges affectives et intellectuelles accueillies dans la conscience réactive. Cette conscience est supposée recevoir des perceptions stimulantes de la nature événementielle de la venue de l'Autre du seul fait qu'elle s'attende à un invisible dévoilement de sa vérité.

Le schématisme de la perception, de la pensée, du désir, de l'imagination et de l'action invoqué dans cette post-ontologie événementielle et traciale fait dépendre une conscience et ses capacités cognitives des conditions d'une expérience transgressive à l'intérieur de laquelle on jouit de sa liberté de création de soi par soi à partir de la simple occurrence d'un stimulus expérimental dans notre conscience d'allocutaire. Cette hypothèse conduit à un transfert de l'expérimentateur qui se pense comme un appel s'appropriant lui-même par lui-même, comme un appel envoyé à l'Autre dans une demande constante de liberté pour croire ce qu'on veut croire à propos de la condition inconditionnelle initiale de la pensée. Il transfère ainsi sa liberté absolue dans une réponse gratifiante qui confirme toujours déjà la véracité de son désir, dans une expression magique, dans un impératif final, dans l'inscription d'une trace dont les effets stimulants pour la connaissance humaine ne peuvent se stabiliser ni dans les formes des *aprioris* de la sensibilité, ni dans les catégories de l'entendement, ni, enfin, dans les idées de la raison (c'est-à-dire dans le projet critique de Kant).

Mais dans quelle mesure l'expérience-limite de Blanchot, l'expérience intérieure de Bataille et la trace de la « différance » de Derrida s'avèrent-elles elles-mêmes n'être que des effets de la mimésis de la nature différentielle lorsqu'elles mènent une conscience à la crise de la connaissance de soi, des autres et du monde ? En quoi demeurent-elles des expérimentations de la nature lorsqu'elles transforment la pensée philosophique en une justification gratuite d'un geste littéraire, en une apologie des réactions automatiques imitant une auto-affection de la pensée par elle-même, d'une pensée qui refuse de se penser elle-même dans cette conscience récursive de l'espace littéraire ? Comment se produit-elle elle-même dans l'effacement infini des jugements qu'elle porte sur les régulatifs de la nature humaine ?

On peut lire la philosophie de Georges Bataille selon la structure du devenir d'une pensée qui débouche sur une poétique fragmentaire : on peut la lire comme un accomplissement de la conscience réactive et de la sensibilité impulsive. La réception des perceptions stimulantes, c'est-à-dire l'accueil d'une citation de Nietzsche apparaît dans le contexte de la pensée extatique de Bataille comme une sorte de réflexion chronique qui ne cesse, – dans l'exercice d'un jugement aveugle porté sur des phénomènes vitaux qui nous adviennent –, de s'opposer à ce qui n'est pas la marque d'une volonté de puissance. Rappelons-nous le morceau du « Gai savoir » cité par Bataille :

> « - Car les dieux aussi pourrissent ! Dieu est mort ! Dieu est resté mort ! et nous l'avons tué ! Comment nous consoler, nous, les meurtriers des meurtriers ? Ce que le monde possédait de plus sacré a saigné sous nos couteaux : qui nous lavera de ce sang ? Dans quelle eau pourrions-nous être purifiés ? Quelles fêtes expiatoires, quels jeux sacrés ne devrons-nous pas inventer ? La grandeur de cette action n'est-elle pas trop grande pour nous ? Ne sommes-nous pas tenus de devenir nous-mêmes des dieux, afin d'en paraître dignes ? »[35]

Pour ce faire, il suffit de se dégager de tous les modes inadéquats de la volonté, de tout ce qui constitue l'impuissance d'une conscience servile ou d'une loi morale métaphysique, à savoir des modes impropres à une conscience réactive : il suffit donc de s'extraire du ressentiment, de l'incapacité de pouvoir être à la hauteur de la force intensive de la volonté de puissance pour se mettre à cette hauteur. La citation porte sur la condition dynamique du renforcement d'une force intensive, et donc, sur le fait que la volonté de puissance en tant que volonté de volonté puisse se mobiliser pour pouvoir entrer en possession de ses propres ressources à partir d'une décharge affective : celle qui lui fait sélectionner ses effets stimulants du seul fait qu'elle les perçoive. Par un seul et

[35]Bataille G., *L'expérience intérieure.* Paris, Gallimard, 1973, p. 176.

même mouvement, on tend à objectiver les résultats des influences pulsionnelles dans l'expérience que l'on se fait faire d'un jugement aveugle porté sur ce qui contribue le plus à la croissance ininterrompue d'une intensité vitale.

Dans ce contexte, cette citation comme condition de production en soi de la volonté de puissance exige, depuis l'oracle de Nietzsche tel qu'il se transfère dans la pensée extatique de Bataille, un dépassement du régime discursif. Ce dispositif a beau jeu d'autoriser à produire un jugement régulateur qui est formé à partir d'une transformation des effets des décharges pulsionnelles dans les reflets qu'elles projettent dans une conscience performative et qui sont suivis par la transformation de ces derniers dans les schémas transcendantaux de représentations conceptuelles. Celles-ci traduiraient des liens nécessaires entre des stimulations et des actions des forces intensives, mais pour pouvoir ressentir la possibilité de dévaluer effectivement la discursivité de la raison suffisante encore présente dans une force intensive, il faut pourtant encore mimer ce mouvement dans l'enchaînement d'une question et d'une réponse.

Le sacrifice demeure ainsi toujours une autorégulation conceptuelle dans la pensée postontologique de Bataille qui ne s'autorise à mimer un régime discursif de la pensée que pour pouvoir le finaliser chamaniquement dans l'expérience d'une communication intérieure et dans la recherche d'une réponse valide en elle-même. Celle-ci dispose de sa validité du seul fait qu'elle arrive à l'esprit qui expérimente sa propre nature pulsionnelle et réflexive. L'être humain, gardé sous l'emprise du filtre de l'intensité, doit donc produire en lui-même un excès de vide qui se révèle à la pensée extatique comme étant sa capacité inaliénable à ne consommer que ses propres ressources, que ses propres réactions transfigurées dans les conditions gratuites de sa véracité, par exemple, dans l'affect d'angoisse :

> « Ce sacrifice *que nous consommons* se distingue des autres, en ceci : le sacrificateur lui-même est touché par le coup qu'il a frappé, il succombe et se perd avec sa victime. Encore une fois : l'athée est satisfait d'un monde achevé sans Dieu, mais ce sacrificateur est, au contraire, dans l'angoisse, devant un monde inachevé, inachevable, à jamais inintelligible, qui le détruit, et le déchire (car ce monde se détruit, se déchire lui-même). »[36]

Il s'agit donc de dépasser le projectisme transcendantal, c'est-à-dire le temps de l'aperception transcendantale qui base ses synthèses sur la réceptivité spontanée de l'apparaissable précédant les synthèses d'imagination. Les synthèses de l'imagination, conçue en tant que capacité de présenter une chose à l'esprit sans en avoir la perception immédiate, construisent un agencement du reproductible dans ce qui apparaît. La construction de la représentation conceptuelle d'un objet n'est possible qu'à partir d'une filtration objectivante et d'une fixation réfléchissante et aveugle des effets les plus intenses venus des impressions reçues lors de la perception immédiate d'un objet et qui sont telles qu'on doive pouvoir les identifier à l'ensemble de ses effets sélectionnés intuitivement à partir de leur essence préconceptuelle et abstraction faite de toute circonstance objective de sa perception.

Car c'était ainsi que le projet transcendantal, à savoir la pensée projectrice remplaçait la réalité objective des choses par une vision transcendantale, par l'ensemble de représentations conceptualisables par l'entendement à partir des concepts des choses et au moyen des synthèses de la recognition.

Depuis la conceptualisation des Lumières chez Kant, dans la culture européenne, le connu prend en effet un

---

[36]Ibid.

caractère objectif à partir d'un exercice des capacités transcendantales, à partir de ce que signifie l'activité synthétisante du sujet aperceptif dans la contemplation, dans l'imagination et dans l'entendement. C'est l'imagination qui fait se reproduire des effets reflétés des décharges affectives les plus intenses pour que l'entendement y reconnaisse et y fasse reconnaître les essences des choses perçues et pensées avec leurs propriétés. Dans cette perspective, tout le connaissable s'avère être le produit d'une projection transcendantale qui aliène les essences du sensible et du pensable dans leurs représentations et leurs schématismes objectivés, c'est-à-dire dans des formes de la sensibilisation de la raison qui ne produit au niveau d'une intuition intellectuelle qu'une illusion transcendantale d'identification de l'un et du multiple.

Mais la pensée extatique désire, quant à elle, nous présenter un tout autre mode de connaissance de notre nature, un mode de connaissance basé sur des synthèses non-closes de motivatons inachevables venues d'une source inépuisable qui est appelée par Bataille : « l'inconnu », « la nuit », c'est-à-dire l'un-multiple qui éprouve un manque constant de lui-même, à savoir une intensité à jamais inexprimable.

Dans sa volonté de dépasser le projet transcendantal, Bataille semble pourtant encore fasciné non par une activité synthétisante de l'ego transcendantal, mais par ce qui précède cette activité : par la transformation magique du monde des choses et des relations dont on est responsable, et donc, par une multitude d'impressions primaires, par le cosmo-chaos de forces intensives à partir desquelles on prétend construire le connaissable comme tel et les modes de la connaissance véritative et universelle.

C'est pourquoi je mime l'acte initial de l'ego transcendantal, l'acte de création des influences de la nature pulsionnelle dans une prise de conscience de l'aveuglement du moi qui se limite à ne percevoir dans la réalité que les effets des essences projetées des choses : je ne peux voir une pantoufle, un lit que comme des cas d'apparition d'une essence, et donc, comme des reflets des représentations objectivées *a priori*, des reflets généralisés des choses :

> « Extrême éclat : je suis aveugle, extrême nuit : je le reste. De l'un à l'autre, toujours là, des objets que je vois, une pantoufle, un lit. »[37]

Mais je me laisse apercevoir aussi l'aveuglement de l'ego transcendantal sans avoir à questionner son opérance initiale, sa performance libératrice. Je le fais en mimant la jouissance d'une décharge énergétique de cette opérance, et donc, en enlevant le projectisme transcendantal à l'aide d'un effort auto-affectif de la volonté de puissance où je deviens conscient d'avoir reflété mon aveuglement originaire propre à partir duquel mon ego transcendantal créait souverainement les conditions objectivées de possibilité de son activité. Le je projetant a pu transfigurer la réalité humaine en un ensemble d'effets de perceptions stimulantes de la même façon que le je extatique s'efforce de dépasser les conditions du projet transcendantal, – à savoir la pensée projectile de soi –, du seul fait qu'il parvienne à produire une décharge affective, à recevoir ses effets performatifs de transformation de lui-même et à produire à partir de là les orientations aveugles de sa perception, de sa pensée et de son action.

L'action pure à opérer sans délai comme but conceptuel de la pensée extatique de Bataille est un accomplissement

---

[37] Ibid., p. 181.

du mouvement de la volonté de puissance dans son devenir même, c'est-à-dire une transformation du geste critique, opérée par rapport à la réflexivité chronique de la tradition philosophique, en une action consommatoire de la conscience opérée par elle-même. Celle-ci entend produire la saisie du devenir de l'intuition productrice qui, suivant ses propres impulsions, forge un ensemble de reflets exprimés, de reflets momentanés dans une inscription de style qui, à son tour, se produit d'elle-même du seul fait qu'elle s'exprime et s'objective dans une expression performative. Je ne m'exprime qu'en m'objectivant dans les produits de décharges extatiques du seul fait que je parvienne à oublier qu'ils sont les effets de ma propre aliénation de soi :

> « *Ultime et pure plaisanterie de la fièvre.* - Dans le silence nuageux du cœur et la mélancolie d'un jour gris, dans cette déserte étendue d'oubli qui ne présente à ma fatigue qu'un lit de maladie, bientôt de mort, cette main qu'en signe de détresse, j'avais laissé tomber à mon côté, pendant qu'avec les draps, un rayon de soleil qui se glisse à moi, me demande doucement de la reprendre, de l'élever devant mes yeux. Et comme si s'éveillaient en moi, étourdies, folles, sortant d'un coup du long brouillard où elles s'étaient crues mortes, des vies comme une foule et se bousculant à l'instant de miracle d'une fête, ma main tient une fleur et la porte à mes lèvres. »[38]

La production de ce geste de transformation de soi se dégage dans le performatif de l'acte d'écrire : j'y transforme ma conscience réactive en une description automatique des effets de l'aliénation de mon moi : « ma main tient la rose », mais non comme une essence concevable et synthétisable, car la description se fige du même coup en une opération consommatoire d'elle-même, suffisante et auto-affective qui est due à l'inversion des stimuli que j'y produis. Elle se fige quand on se fait jouir

[38] Ibid., p. 181.

du fait d'écrire une action irréfléchie de notre organisme affectif en la transformant en une source souveraine de notre sensibilité et de notre réflexivité à la façon dont on s'aperçoit produire soi-même les réactions sensori-motrices qui anticipent les résultats désirables et inconscients dans notre réactivité, dans une réflexivité qui s'approprie parfaitement des effets du désir.

On peut comparer le désir promu par Bataille à l'intuition productrice qui préside à la lecture par Deleuze de l'héritage leibnizien. La production du monde comme ensemble des consciences réactives, et donc, des monades dotées de leurs perspectivismes et de leurs appétits, semble suffire pour dépasser l'aperception universalisante de l'ego transcendantal de Descartes. Leibniz approfondit le parallélisme spinoziste qui est présumé surmonter la prétendue inégalité des substances présentée dans la métaphysique cartésienne. L'immanence du monde des intensités qui enveloppent des plis, des courbes et des tangentes du développement de l'Absolu peut diluer la transcendance de la cause. Le centre ontologique perd son caractère indépendant de la nature indifférente pour pouvoir se montrer comme nature différentielle car ce centre n'existe qu'en tant qu'effet orientant l'ensemble de relations des forces intensives : il n'existe qu'ainsi étant donné que le perspectivisme monadique n'est possible qu'à partir d'un agencement irréfléchi des résultats de mouvements spontanés.

De même l'appétit transformé en perception d'une monade se lit dans la solitude d'une conscience individuelle réactive chez Bataille. La solitude est ce qui dévoile la temporalité même du retour éternel, et donc, la saisie immédiate d'une force vitale dans son devenir. La solitude marque, pour ainsi dire, le passage à une synthèse passive, et par là, au rassemblement *hic et nunc* des effets des impulsions primaires, pour ainsi dire, des silhouettes pré-schématiques des choses. Bien sûr, la pensée extatique cherche à neutraliser toute tentative de reconnaissance, c'est-à-dire l'effet d'accompagnement et de recognition de toute pensée par un reflet stabilisateur du rapport à soi de l'ego transcendantal ou d'un simple rapport intentionnel à partir de sa simple occurrence dans l'esprit et du travail de la réflexion comme pensée de la pensée qui légitime les produits de son activité synthétisante.

La philosophie extatique équivaut ainsi à une expérience d'auto-effacement : la conscience s'y efface elle-même pour que la pensée puisse retourner à un état de pur reflet d'une multitude indéfinie d'impulsions primaires qui se substituent par là à l'essence d'une chose perçue ou appréhendée. Mais cet auto-effacement n'est pas innocent. Il constitue en fait un principe de filtrage épistémologique et social : je prétends sélectionner des perceptions stimulantes en vue de jouir de l'empreinte primitive de pulsions gratifiantes à la façon dont je ressens instinctivement ma propre capacité exclusive de les repérer ainsi que de jouir de la puissance des « moins faibles ». Ceci va bien entendu à l'encontre d'une aptitude de la foule :

> « Si l'on va jusqu'à la fin, il faut s'effacer, subir la solitude, en souffrir durement, renoncer d'être *reconnu* : être là-dessus comme absent, insensé, subir sans volonté et sans espoir, être ailleurs. La pensée (à cause de ce qu'elle a au fond d'elle), il faut l'enterrer vive. Je la publie la sachant d'avance méconnue, devant l'être. Il faut que son agitation finisse, qu'elle demeure cachée, ou presque, vieillarde dans un coin, sans honneur. Je ne puis, elle ne peut avec moi, que sombrer à ce point dans le non-sens. La pensée se ruine et sa destruction est incommunicable à la foule, elle s'adresse aux moins faibles. »[39]

---

[39] Ibid., p. 179.

Le sacrifice nietzschéen est lu par Bataille comme un dépassement des conditions transcendantales de l'existence humaine. La mise à mort de Dieu signifie une fin de la perspective évaluatrice par laquelle nous stabilisons les effets reflétés des décharges affectives dans des représentations, des schèmes, des concepts, des formes de détermination du vouloir. En même temps, pour Bataille, cette dévaluation des valeurs, cette déconstruction ne semble pas suffire : on ne peut pas mimer la nature affective dans la pensée dont le régime reste toujours discursif, représentatif au sens large du terme.

« Le fond impossible des choses » comme empreinte de l'éternel retour est de la même nature pulsionnelle que celle qui nous dicte un seul mode de la connaissance de soi et du réel. C'est donc l'extase comme affect replié sur lui-même, comme affect d'un affect qui fait son éternel retour gratuitement. Dès qu'on neutralise la réflexion et le jugement d'objectivité dans le rapport à soi, au monde et à autrui, – comme c'était déjà le cas de la pensée transcendantale qui produisait ses synthèses à partir du temps pur, abstraction faite du réel vécu objectivement dans des moments donnés –, on n'a qu'à répéter le geste de neutralisation de cette pensée, le geste de la souveraineté transgressive :

> « Le plus évident d'une découverte qui devait nous dérober le sol sous les pieds – aux yeux de Nietzsche une sorte d'homme transfiguré seul en saurait surmonter l'horreur – c'est qu'elle laisse la meilleure volonté indifférente. Seulement l'objet de sa vision, ce qui le fit rire et trembler, n'était pas le retour (et pas même le temps), mais ce que mit à nu le retour, le fond impossible des choses. Et ce fond, qu'on l'atteigne par l'une ou l'autre voie, est toujours le même puisqu'il est nuit et que, l'apercevant, il ne reste qu'à défaillir (à s'agiter jusqu'à la fièvre, à se perdre d'extase, à pleurer). »[40]

---

[40] Ibid., p. 177-178.

« Le rire dans les larmes » est une réaction bataillienne à la mise à mort de Dieu qui ne peut pas être une idée régulatrice de la pensée affectogène puisqu'elle transforme tout le pensable en un stimulus, le stimulus incitant à une réactivité fulgurante de la part du sujet post-ontologique : il doit trembler, rire, secréter des larmes, et donc, produire des décharges affectives et accueillir leurs effets en les combinant, en les juxtaposant en fonction de sa sensibilité extatique. La condition de cette transformation est bien la fin de l'Homme, d'un homme compris, bien sûr, comme un être téléologiquement organisé et qui a pour but de réaliser une idée de l'humanité.

La fin de l'Homme permet de passer à l'effacement de la raison, et ainsi, de s'interdire toute réflexion responsable des effets en elle des décharges impulsives pour pouvoir s'abandonner elle-même, se perdre dans le simple reflet d'une multiplicité intensive, dans la béatitude de l'extase :

> « *Le rire dans les larmes.* - La mise à mort de Dieu est un sacrifice qui, me faisant trembler, me laisse pourtant rire, car en lui, je ne succombe pas moins que la victime (quand le sacrifice de l'Homme le sauvait). En effet, ce qui succombe avec Dieu, avec moi, est la mauvaise conscience qu'avaient les sacrificateurs se dérobant devant le sacrifice (le trouble de l'âme fuyante, mais têtue, assurée du salut éternel, et criant qu'elle n'en est pas digne, évidemment). »[41]

Toute une poétique de la perte de soi est également présente chez Blanchot.[42] Le mouvement post-ontologique chez Blanchot nous permet de lire dans une œuvre d'art une tendance vers l'origine, ce qui mène à son désœuvrement, à sa désistance parue comme une démonstration performative de la mimésis de l'illusion de

---

[41] Ibid., p. 178.
[42] Blanchot M., *L'espace littéraire.* Paris, Gallimard, 1955, p. 96-98.

l'illusion. L'événement du devenir s'avère constituer la seule action consommatoire de la dynamique affective d'Orphée. Il doit passer de l'impatience, et donc du désir de puiser l'infini (– c'est-à-dire une forme nihiliste de son impulsion sans avoir à en prendre conscience, et donc, sans imiter l'action originaire de la nature qui exige une contraction au sein même du mouvement affectif –) à une impatience endurée sans fin, et enfin, à l'insouciance comme économie non-restreinte, comme pure perte de soi, accompagnée par l'oubli du risque, et de tout calcul du risque, de (se) donner la mort.

L'insouciance entend produire un regard mortifère pour son porteur aussi inconsciemment qu'elle-même se produit comme affect absolu qui comprend sa raison suffisante, qui croit triompher dans l'âme du poète en la laissant se mener elle-même à la nuit de l'inintelligible. Cette nuit est incarnée dans la mort et dans les ténèbres de la force intensive comme production des multitudes de pulsions primaires. C'est pourquoi l'œuvre de l'œuvre fait repérer tous les moments de son éternelle naissance dans l'âme poétique. Cette préconception de l'œuvre la fait apparaître comme un produit aliéné, venu de l'harmonie d'une écoute de son propre écho, de son écho rythmé dans une forme de chant par la prononciation pneumatologique de cette œuvre.

L'âme s'affecte d'elle-même comme d'une pure sonorité vibrante et comme désir de sacrifier l'œuvre, de la dissoudre dans le silence pré-originaire. La prosopopée créatrice s'incarne donc dans Eurydice comme l'envers impossible du désir d'Orphée, dans son insouciance, ou, comme le dirait Heidegger, de la *Gelassenheit* (de l'être qui s'abandonne à l'être). L'insouciance comme désir d'une source de l'œuvre cherche son signifiant manquant aussi inconsciemment que le poète avait rythmé le sens verbal de son chant selon des mesures absolument intuitionnées, alors qu'il avait pour but de s'identifier à la source de son œuvre et de son inspiration. Il le fait pour pouvoir jouir d'une consommation du temps comme d'une multitude d'impulsions primitives dont la simple réception se convertit dans la seule et unique ressource de sa propre stimulation.

Conscient du caractère affectif de la différance comme effacement de la différence ontico-ontologique heideggérienne, qui marque le don indéniable que la pensée se fait à elle-même à partir de sa simple occurrence dans l'esprit, Derrida propose de lire une spontanéité réceptrice dans la dimension éthique de l'accueil de l'Autre.[43] La différence d'Heidegger s'avère être une mimesis de la prosopopée polythéiste où l'homme attend une réponse gratifiante de la nature transcendante, et donc, de ses désirs absolutisés dans les figures des Tiers divins.

Heidegger efface l'héritage du christianisme à la façon dont celui-ci a pu neutraliser les mondes vitaux et culturels de la diversité polythéiste en faveur des effets universalisés de l'appel du Dieu de parole. Plaidant pour faire l'*époché* de l'intentionnalité phénoménologique elle-même, Derrida se contente de mimer le geste heideggérien en radicalisant la conception de la trace.

Bien sûr, le thème de l'effacement provient chez Derrida également de Lévinas qui reformule de toute évidence la prosopopée du Dieu judaïque de parole dans son approche éthique. Le rapport éthique précède les rapports perceptifs et cognitifs au monde de telle sorte que les décharges de l'instinct moral déterminent notre pensée, notre perception et notre agir du seul fait qu'il forge les orientations aveugles de notre existence. L'hospitalité comme accueil de l'Autre est présumée neutraliser ou sublimer l'instinct d'agression, la xénophobie, le rejet d'autrui, du seul fait qu'elle formate les consciences

[43] Derrida J., *Adieu à Emmanuel Levinas,* Paris, Galilée, p. 96-113.

réactives à l'image de la parole, et donc, du filtrage irréfléchi des stimuli et des réactions propres à notre nature pulsionnelle. Elle le fait à la façon dont la prosopopée chrétienne prétend établir l'harmonie perceptive, émotionnelle, cognitive, sociale et politique et atteindre le but consommatoire de l'existence : le salut, par la production de l'affect d'amour.

Pour pouvoir s'auto-régler en fonction d'un ensemble d'effets objectivés de décharges impulsives, il faut déjà être prédisposé à recevoir les perceptions stimulantes. Cette prédisposition à l'enseignement est pour Derrida et Levinas un rapport éthique. L'éthique est un langage du désir, mais le désirable se sépare du langage du désir pour pouvoir se convertir en sainteté. Celle-ci se manifeste comme l'objectivation sublimante des effets aliénés des décharges affectives.

Cette sainteté, conçue comme le dérivé de l'intuition intellectuelle qui forme des orientations aveugles imputées à toute conscience réactive à partir du filtrage de la grâce, de la sélection des réactions à des perceptions stimulantes, n'est-elle pas corrélative de l'extase de Bataille et du sacrifice de Blanchot ? N'en est-elle pas corrélative comme expression à leur instar, elle aussi, de la conscience devenue heureuse de jouir béatement de ses propres réactions qui remplacent ainsi les sources de l'existence ? Si l'on efface toute nécessité de réflexion critique sur les effets de la nature affective, on se bloque en effet toujours dans l'impasse d'une expérience qui tourne à vide et ne déclenche toujours que les effets performatifs d'un toujours plus-de-jouir : dans cette expérience qu'on appelle habituellement « la littérature ».

Chapitre 5

Le travail de mémoire, l'éthique du témoignage, la condition langagière (P. Ricœur, A. Badiou)

Dans son ouvrage *Mémoire, histoire, oubli*, Paul Ricœur essaye de donner un sens philosophique, politique, juridique et social aux fondements de la relation de la culture occidentale à ce qui a été appelé « un crime contre l'humanité », la Shoah. Il le fait en défendant la légitimité de cette notion par l'absence de délai de prescription à son encontre. Il recourt pour ce faire à son idée de la justice et des représailles inévitables qui devraient frapper les criminels qui ont commis de tels actes.

La source de cette problématique réside dans le souci qu'il a de se confronter à la catastrophe historique de l'Holocauste. Ce souci tient à la pratique alors répandue dans le discours philosophique sur l'histoire (Lyotard, Steiner) qui définissait la catastrophe historique (à savoir l'Holocauste) comme un événement exceptionnel, et donc situé au-delà de l'histoire, insistant ainsi sur sa nature non-conceptualisable, imprésentable. Il se serait agi d'un événement qui nie toute possibilité d'en étudier les conditions objectives en le situant dans la logique de l'histoire sans avoir à mettre en cause la relation affective qui porte sur son contenu.

Face à cette position, Ricœur voit d'abord la justification d'un certain tabou capable d'interdire toute « profanation » d'un événement « sacré » qui se produit dans le langage de l'opinion publique et dans le discours des sciences humaines.

Il est donc nécessaire, à ses yeux, d'effectuer un véritable « travail de deuil », un travail sur les conséquences des traumatismes ressentis, sur les expériences de la douleur, sur une capacité réflexive de l'exprimer, ce qui, inévitablement, se transforme, aux yeux de Ricœur, en un « travail de mémoire ». Ce travail de mémoire doit se développer dans la sphère de production d'un jugement publique, d'un rapport collectif à l'endroit d'un événement traumatisant, d'un événement qu'il n'est pas possible de comprendre, pour parvenir à partager ensemble ses points significatifs et à assumer la responsabilité de ses conséquences.

La politique du jugement, engendrée par un « travail de mémoire » comme travail réflexif sur la tradition est le travail d'une connaissance qu'ont à faire les agents de l'histoire individuelle et collective et il vise à extirper l'autisme cognitif, intellectuel et pratique qui encombre encore cette connaissance. Car celui-ci empêche d'exprimer l'unité de la perception, de la pensée et de la volonté qui y est à l'œuvre en la soumettant à une évaluation objective des conditions de vie et de l'expérience traumatisante insupportable qui se trouve liée à la métaphysique de l'horreur et du terrible.

Celle-ci paraît constituer pour Ricœur une négation symétrique de l'expérience du sublime chez Kant car le sublime reflète chez celui-ci une disposition particulière de l'esprit à l'égard de ce qui dépasse les limites de l'imagination, c'est-à-dire qu'il exprime un rapport à l'Idée qui se révèle elle-même dans le trouble cognitif du sujet.

L'horreur que peut éprouver une conscience des accidents mortels, une conscience consciente de sa finitude devant un absolu indifférent empêche une personne de parler, de se prononcer sur son expérience existentielle, et donc, de devenir un sujet témoignant. Aussi l'horreur comme attitude affective inspirée par la Shoah, ontologise-t-elle l'événement même de l'Holocauste, en imitant l'ontologisation nazi des juifs en tant qu'ils sont jugés « coupables sur le fait de leur naissance ». C'est pourquoi dans la politique du jugement et dans l'éthique du témoignage qu'elle implique, il est absolument nécessaire de séparer méthodologiquement une personnalité incriminée, une personne condamnée et une personne criminelle.

L'histoire n'est pas une incarnation linéaire des actes de triomphe ou de malédiction des victimes dans toutes les séries événementielles de la violence, mais elle produit une expérience de connaissance de soi, de communication, de rédemption et de pardon, qui n'exclut pas qu'on doive reconnaître collectivement la nécessité de prononcer une justice à la fois historique et juridique sur ces événements, puis, de passer à une punition adéquate des criminels reconnus comme tels.

Alain Badiou qualifie le « travail de mémoire » de P. Ricœur comme « la victoire de la vision chrétienne du sujet historique ». Ce « travail de mémoire » a remplacé à ses yeux, la conception judaïque du « devoir de mémoire » par le principe évangélique de « laissez les morts ensevelir leurs morts ». Badiou cherche à mettre de côté le pathos sublime de l'Holocauste comme philosophème romantique dépassé qui présuppose une élection de certaines forces à l'œuvre dans l'histoire humaine. C'est pourquoi, à ses yeux, l'oubli de la « sacrificité » des victimes est une condition *sine qua non* de la protection de la conscience à l'égard des phantasmes idéologiques qui contribuent à monumentaliser la mémoire nationale et internationale de la Victoire ou de la Shoah.[44]

---

[44] Badiou Alain. « The subject supposed to be a Christian: On Paul

Dans la perspective de l'humanisme critique, l'histoire comme « récit sur des événements produits par les actions des gens » (Hérodote) dépasse l'idée d'une séquence linéaire des triomphes des gagnants et des pertes des perdants, des moments de gloire et de chute dans la logique de l'incarnation d'un idéal historique comme vision aliénée du but d'un processus en progression vers un bien commun. Elle doit devenir un acte de la pensée critique qui se libère de tous les schémas idéologiques de l'oubli historique à savoir du patriotisme classique, du nationalisme de l'Etat-nation, ainsi que de l'internationalisme « multiculturel » de la reconnaissance mutuelle dans la mondialisation contemporaine.

Les pensées de Ricœur et de Badiou appellent à remettre en question l'essence de la mémoire et de l'histoire humaine. Comme le note Jeanne Marie Gagnebin, « Ricœur réhabilite la mémoire vive contre sa relativisation par des historiens avides d'objectivité qui tendaient à la critiquer pour sa liaison aux sujets (individuels et collectifs) et à l'émotion. »[45]

Qu'est-ce qu'est la mémoire vive chez Paul Ricœur dans la perspective d'une herméneutique de la condition historique ? Elle n'est pas bien sûr une science opérant avec les instruments de la connaissance institutionnalisée, elle n'est pas non plus un savoir accessible qui arrive grâce à une argumentation impartiale, c'est-à-dire grâce à un savoir établi par des recherches d'objectivité historiographique. La mémoire vive chez Ricœur est, pour ainsi dire, l'ensemble des attitudes affectives qui

---

Ricoeur's Memory, History, Forgetting ». Trad. by Doyle, N. et Toscano, A. in *The Bible and Critical Theory 2* (3), 2006, pp. 21-29.

[45] Gagnebin Jeanne Marie. « La mémoire, l'histoire, l'oubli » (version française du texte présenté le 4/09/2008 à l'Unicamp, Universidade Estadual de Campinas, Brésil) // http:// www.fondsricoeur.fr/ uploads/medias/ espace_chercheurs/memoirehistoireooubli.pdf

engendrent le sens d'un vécu du seul fait qu'elles nous viennent à l'esprit. Elle est l'ensemble des attitudes affectives d'une conscience réactive et réceptrice qui s'affecte et se pense à partir de la simple occurrence des perceptions stimulantes à l'intérieur de l'esprit.

Les pensées d'une conscience réactive sont les résultats d'un rapport à soi d'une intuition intellectuelle qui marie constamment et indissolublement des mouvements affectifs et des effets perceptifs avec des contenus stabilisés par le filtrage des impressions les plus intenses venues d'une perception d'un objet. Les articulations des mouvements affectifs et des résultats du filtrage intentionnel s'aliènent en s'objectivant dans des idées, et donc, dans des représentations imputables à toute conscience réactive du seul fait qu'elle a à partager un sens commun produit et imposé par la pensée consensuelle.

La mémoire vive est donc un lien vivace et suggestif appréhendé comme forme d'organisation de soi d'une vie humaine. Mais qu'est-ce que la vie pour Ricœur ? C'est d'abord, une transformation des effets des mouvements affectifs fixés au sentiment intérieur en des contenus stabilisés et en des images des choses expérimentées. C'est ensuite une aliénation et une objectivation des résultats de l'articulation des effets des stimulations perceptives avec des unités intentionnées dans les règles transcendantales de la perception, de la pensée et de l'agir, et donc, dans des jugements aveugles portés sur des régulatifs de la nature intérieure et extérieure.

> « Dans sa recherche, Ricœur examine d'abord le fait qu'il existe deux mots en grec pour désigner la mémoire : d'une part, *anamnèsis*, l'acte de se rappeler, de se souvenir, le recueillir actif des souvenirs, ce recueillir proche de l'acte de nommer et d'instaurer un ordre, l'ordre du *logos* ; et d'autre part, le *mnème*, l'image dont on se rappelle, l'image-souvenir, l'impression laissée

dans l'âme, une image qui indique un être affecté (*pathos*), donc, quelque-chose d'involontaire, une certaine passivité. »[46]

La mémoire vive est donc une production, qu'on pourrait dire créatrice, de l'articulation des empreintes stabilisées et unifiées à l'intérieur de l'esprit à chaque fois qu'on y reçoit une perception stimulante de la nature extérieure ou de l'imagination spontanée et qu'on transforme des données affectives dans les reflets d'une conscience réactive appréhendés comme repères de recognition des qualités d'une chose représentée. Aussi apparaît-elle lorsqu'on réfléchit le processus même de cette transformation comme structure organique de l'existence de l'esprit qui intuitionne sa propre action déterminante en se formant des images-idées intuitionnées des choses perceptibles, imaginables ou pensables et des schématismes transcendantaux de leur existence. Celles-ci remplacent leur réalité objective, abstraction faite d'une quelconque circonstance de la perception réelle de cette réalité.

Comme le remarque Jeanne Marie Gagnebin,

> « Dans le *Théétète*, Platon élabore cette théorie de la mémoire grâce à la métaphore maîtresse du morceau de cire (l'âme) sur lequel viennent se graver des empreintes extérieures, de force variable, qui laissent dans l'âme des vestiges, des marques, des *traces* (*typoi*). »[47]

La vie, dans ce « monde vécu » de la mémoire, se présente donc comme une réception et une transformation d'un courant vécu non-objectivable par les sciences humaines. Elle est également la réception des effets d'articulation magique des phénomènes dans une intuition génératrice et créatrice qui permet à une conscience

---

[46] Ibid., p. 6.
[47] Ibid., p. 6.

réactive de développer ses propres synthèses temporelles et sa propre compréhension temporelle en tant qu'être ouvert aux possibilités existentielles d'une entente de soi qui s'offrent à elle. C'est pourquoi la mémoire vive s'avère une « juste mémoire » comme reproduction d'une forme de vie et comme réflexion d'une différence signifiante de sa position temporelle par rapport aux reflets d'un instant venant d'un vécu passé (*die Vergangenheit*).

On ne peut pas ne pas y identifier la phase magique d'une synthèse phénoménologique consistant à extrapoler le caractère des impressions filtrées par une entente de soi réactive, qui, dans l'attente stimulante des résultats anticipés, se les approprie à l'aide de l'harmonie animant une conscience réactive entre les stimuli reçus et les réactions productibles, et ce, face à tout ensemble des phénomènes vécus. Aussi Ricœur évoque-t-il la métaphysique de la mémoire de Platon qui distingue une « *anamnesis* » conçue comme un acte de se rappeler, comme l'acte de recueillir dans une entente authentique une chose cohérente avec sa vérité idéale et un « mnème », conçu comme pure et simple reproduction des impressions spontanées d'une chose à l'intérieur d'une âme.

Il convient de remarquer que la révolution effectuée par Platon par rapport à la prosopopée polythéiste consistait à transformer des instances de régulation absolutisées (et représentées dans des figures des dieux souverains) en des représentations abstraites de l'étant et du devoir qui engendre des modes désirables de perception, de pensée, du vouloir et de l'agir du seul fait que les effets des mouvements affectifs de la nature pulsionnelle se reflètent, dans une intuition intellectuelle, comme des effets intensifs, comme des articulations filtrées et plus efficaces, entre les stimuli et les réactions. Cette révolution permet d'identifier dans une intuition réceptive l'ensemble des impressions les plus intenses à la structure totale d'un objet, illustrée dans des images mentales stabilisées par des consciences réactives, et donc, dans une Idée. Mais elle ne se reconnaît pas pour autant capable de penser la pensée elle-même séparément, c'est-à-dire de la penser en l'excluant de l'unité stimulante du pensable et de l'action d'intuition des données.

La métaphysique de l'Idée identifie un contenu intuitionné et l'action qui l'intuitionne en soumettant toute conscience réactive au devoir de se connaître elle-même, les autres et le monde de façon aussi irréfléchie qu'elle intuitionne un contenu visé dans la vision d'une structure totale et objectivée ainsi que de la chose qui émerge dans les jugements produits par des consciences réactives portant sur une telle chose. Et cela est supposé se produire abstraction faite de toutes les circonstances qui président à son apparition sensible et à sa perception, puisqu'elle la reflète de façon aussi automatique qu'elle se perçoit et qu'elle identifie dans une idée toutes les conditions objectives d'une existence d'une chose.

La conception d'Aristote de la mémoire comme intuition appliquée à un passé, vise le passé pour permettre à une conscience réactive de concevoir une différence signifiante de ce passé par rapport à la signification que leur accordait la conscience qui leur était présente. Cette conception sert d'appui à l'herméneutique de la condition historique de Ricœur en lui permettant de développer son geste méthodologique : le passé se laisse concevoir comme un aspect de signification temporelle dans un événement ontologique pour une conscience réactive qui s'affecte elle-même en accueillant des effets-signes qui contiennent les conditions de leur réception dans une forme interne à un contexte langagier.

Dans la métaphysique et dans la phénoménologie de la mémoire, on court le risque de remplacer le sens d'un vécu par une réflexion intuitive des effets les plus intenses de son apparition affective à l'intérieur d'une conscience réactive. De même, on court le risque de substituer l'ensemble des effets de notre attente d'une harmonie anticipée comme gratifiante entre le connaissable et le vécu à la signification véritable des événements vitaux et historiques. Cette substitution est présumée permettre d'ôter les discordances et les ambiguïtés accompagnant l'expérience historique afin d'acquérir le résultat désirable de la connaissance en minimisant les efforts d'interprétation à effectuer dans cette herméneutique de l'existence.

On peut proposer une lecture de la facticité affective et des sources de la vulnérabilité de l'existence humaine dans la perspective de la condition langagière de l'herméneutique comme étant un travail de compréhension de soi dans l'accueil gratifiant qu'une conscience réactive réserve aux affects et aux perceptions stimulantes qui forment l'expérience de sa connaissance d'elle-même.

L'herméneutique de Ricœur peut donc être considérée dans cette perspective comme une idéologie narrative qui se base sur la loi dynamique de la communication et de la production langagière liée avec la facticité affective, alors que celle-ci est elle-même liée à l'échec existentiel de l'être humain créé à l'image du Dieu judaïque de la parole.

Le tournant dit herméneutique de la philosophie apparaît comme une sorte de chamanisme des lectures de la tradition. Il en mime les crises dans son anamnèse de l'histoire et vit du même coup la mémoire comme une réduction de la tradition à ce qui y est gratifiant lorsqu'on parvient à la situer dans l'ensemble des mythes. Le mime mnémonique de la vérité ouvre à ce mime et à cette mémoire l'espace d'une lecture libre en transformant la vérité en un effet purement narratif et en réduisant le sens à ce qui produit le consentement de ses récepteurs.

Elle s'inscrit elle-même *nolens volens* dans l'ère de la post-ontologie. Pour la post-ontologie du XXème siècle (Husserl, Heidegger), ce qui est marquant, c'est le retour à l'impensé de la tradition. L'impensé comme origine de la pensée est bien une idée s'affectant elle-même immédiatement en tant que nature spinoziste, comme la *natura naturans* inhérente à la *natura naturata*. C'est ainsi qu'elle qui assume tout un langage de la facticité en effaçant l'analogisme transcendantal : le penser et l'apparaître y sont parfaitement corrélatifs, le multiple incarne une essence univoque de l'un.

L'apparition de l'herméneutique et de la philosophie du langage est due au dévoilement de la facticité de l'existence dans la phénoménologie. La philosophie du langage impose cette facticité en subordonnant la pensée et sa recherche à l'illusion langagière : la pensée se dissout dans l'unité indissoluble et irréfléchie de l'expression langagière à la manière dont le comportement et la réaction motrice s'engendrent en activant la matrice d'un contexte logique. On prétend ainsi surmonter du même coup l'apriorisme de la tradition transcendantale et l'empirisme psychologique.

On peut constater que la facticité est conditionnée par l'auto-affection verbale qui se substitue au schématisme de la pensée en intériorisant le sujet de la pensée comme la trace imprononçable qui a été héritée de la tradition monothéiste. Le tournant herméneutique dans la philosophie a été rendu possible à partir d'une relecture de la tradition qui prétendait dépasser également tous les accents psychologiques et transcendantaux de cette dernière : la pensée y devient son propre devenir du seul fait qu'elle engendre sa propre différence par une lecture et par une écriture singulière qui, du coup, ouvrent sa propre historicité comme étant le rapport indépassable propre à sa condition.

Ricœur considère un aspect de celle-ci comme étant une condition « déplorable » qui est incarnée dans le sentiment « de la brièveté de la vie humaine » parce qu'elle se détache « sur le fond de l'immensité du temps ».[48] On peut diagnostiquer ici le symptôme kantien d'une sorte de retour au stoïcisme qui caractérisait toute l'analytique du jugement réfléchissant, et surtout, l'analytique du sublime : on s'y trouve soumis à une nature indifférente (le temps) sans pouvoir comprendre les origines de notre être-jeté dans ce temps comme porteur du sentiment de finitude. On n'a qu'à pressentir notre lien réfléchissant avec le temps et à reproduire ce sentiment comme unique support, à la fois comme un moyen, une substance et une fin de la vie.

La phrase sur la condition « déplorable » de l'être humain nous soumet à la loi dynamique de la communication. Par cette phrase, Ricœur

1) s'identifie comme l'énonciateur d'un contenu verbal qui ne peut pas ne pas être vrai du seul fait qu'il soit posé et prononcé ;

et 2) il identifie tout allocutaire comme récepteur qui ne peut ne pas partager la vérité de ce contenu verbal parce qu'il doit s'y appliquer complètement pour le comprendre. Tout allocutaire ne peut pas présupposer la fausseté de ce contenu verbal parce qu'il le croit posé vrai une fois pour toutes ;

3) il s'identifie comme allocutaire de lui-même du seul fait qu'il ait posé l'énoncé d'un contenu verbal comme vrai ;

4) il s'identifie lui-même et son allocutaire comme partenaires d'une compréhension mutuelle qui se base sur la vérité du prononçable et de l'entendu, et donc, sur la forme intérieure d'un contexte logique ;

[48] Ricœur P., *Temps et récit*, t. 3, Paris, Seuil, 1985, p. 224.

5) il identifie un accord transcendantal langagier comme identité communicationnelle de la proposition communiquée et de la proposition comprise : les partenaires de cette compréhension mutuelle affirment poser la vérité de la proposition communiquée et comprise indépendamment de ses occurrences psychologiques et mentales. [49]

Que Ricœur l'ait voulu ou non, la loi dynamique de la communication sert de base à l'herméneutique de Ricœur, parce que, comme on l'a vu, elle se dispense d'emblée de porter un jugement sur l'objectivité des contenus émis et reçus. Comme la relecture herméneutique d'une tradition commence par l'intuition intérieure et non pas par le jugement sur son objectivité, le sublime de Ricœur comme auto-affection de l'esprit travaille lui aussi toujours selon la logique du jouir de plus en plus. On s'y abstient ainsi de se rapporter directement au temps universel ainsi qu'à la finitude existentielle :

> « Ce contraste est la forme la plus émouvante que peut assumer le mouvement d'affranchissement mutuel grâce auquel, d'une part, le temps du souci s'arrache à la fascination d'un temps qui ignore notre mortalité, et, d'autre part, le temps des astres soustrait la contemplation du ciel à l'aiguillon de la préoccupation immédiate et même à la pensée de notre mort ».[50]

Ainsi, se forme l'écart économique fondamental dans l'exercice herméneutique de mémoire engendrant un témoignage qui développe ses auto-attestations et ses lectures à partir de ses propres lois, celles de la temporalité.

On voit donc se construire ici l'idéologie narrative selon laquelle rien n'existe sauf les contenus narrés qui

---

[49] Poulain J., *De l'homme. Les éléments de l'anthropobiologie philosophique du langage*, Paris, Cerf, 2001, pp. 272-273.

[50] Ricœur P., op. cit., p. 224.

engendrent immédiatement l'identification des sujets parlants aux effets dynamiques d'un narratif prononçable. Si le point de départ est le sentiment de l'écart signifiant entre le temps universel et le temps individuel, la pensée devient une réflexion poétisante :

> « L'élégie de la condition humaine, modulant tour à tour la lamentation et la résignation, n'a cessé de chanter le contraste entre le temps qui demeure et nous qui passons. »[51]

Cette réflexion poétisante conditionne également la notion de trace et le constructivisme narratif : « La trace est un effet-signe ».[52] La trace comme matière du sens dicte ses conditions de lecture du seul fait qu'elle ait produit un changement, une différence ou qu'elle ait déplacé la direction d'un regard et d'une lecture. Ainsi l'herméneutique de Ricœur se permet-elle d'effectuer sa propre lecture à partir du déplacement signifiant de la trace liée à la choséité de la marque, en proclamant qu'elle adhère au contructivisme narratif. C'est pourquoi il peut écrire :

> « La fiction n'illustre pas un thème phénoménologique préexistant, elle en effectue le sens universel dans une figure singulière »[53]

Dans cette production du sens, on se découvre du même coup en train de produire performativement de l'un à partir d'une unification d'un multiple : en identifiant cette production avec la production de la vérité sous une forme verbale. Mais s'il n'y a que des histoires narrées et de l'imaginaire narratif, comment a-t-on accès à la vérité du dicible hors de l'illusion langagière ? La réponse à cette

---

[51] Ricœur P., op. cit. , p. 224.
[52] Ibid., op. cit., p. 219.
[53] Ibid., op. cit., p. 240.

question oblige à interroger la liaison de la condition langagière à l'herméneutique et à la facticité affective.

La facticité affective constitue le fondement irréfléchi de l'existence humaine dont l'analytique commence dans son ouvrage : *La philosophie de la volonté*. Ce fondement assure l'unité de la vie qui se définit comme « une certaine nécessité d'exister à laquelle je ne peux plus m'opposer pour la juger et la maîtriser. »[54] Ce fondement traduit on ne peut plus clairement ce qu'est devenue la « *natura naturans* » à travers l'élan vital bergsonien et la « *Befindlichkeit* » heideggérienne identifiée comme disposition irréfléchie de l'être-là : on ne devient en effet « une vie » qu'en s'aliénant dans un inconscient dont les pulsions nous affectent immédiatement et nous forcent à nous rendre compte de l'échec de notre existence. Cet échec consiste en effet une fois pour toutes dans notre existence inévitablement vulnérable. Mais en fait, ces coordonnées philosophiques nous forcent à nous rendre compte de l'échec qui dérive de ce qu'on y fait complètement abstraction du jugement que nous avons à porter sur l'objectivité de nos passions, de nos pensées, de nos actions.

Ceci étant vu sous son mode négatif, les pulsions de la vie, et donc, les sentiments de l'humain dont la source est l'incommensurabilité entre l'indivisible vital et ma divisibilité tragique, composent trois scénarios : la tristesse du fini comme affect d'un être singulier devant l'universel, la tristesse de l'informe comme rapport du « mauvais infini » de l'inconscient à l'infinitude de la raison, la tristesse de la contingence comme rapport à ma non-nécessité d'existant dans l'univers.

Ricœur tient à dégager par là la facticité comme marque de la négativité de l'existence en la contrastant à l'optimisme créativiste de Bergson. Mais le mode positif

[54] Ricœur P., *Philosophie de la volonté*, Paris, Aubier, 1949, p. 385.

de la facticité affective nous propose trois voies de consentement : le stoïcisme comme rapport imparfait au monde, l'orphisme comme hyperbolisation du plaisir vital et l'espérance chrétienne dont la formule est une négation du monde en tant que contrepartie définie de la liberté et espoir de jouir d'une nouvelle nature à la fin du temps.[55]

Aussi la note de Charles Reagan à propos de la narrativité de l'histoire chez Ricœur nous semble-t-elle juste : « Dans *Temps et récit*, sa thèse est que le temps devient temps humain à travers les narrations de l'histoire et de la fiction. Toutes les tentatives philosophiques d'expliquer le temps directement échouent, et nous ne pouvons comprendre l'être-dans-le-temps qu'en nous appuyant sur les ressources de la narration. »[56]

Il existe objectivement des raisons pour contester le caractère chrétien de l'espérance ricoeurienne car on peut la définir comme un certain retour au judaïsme : la facticité affective qui découle de l'indivisibilité de la vie marque en effet une production verbale et irréfléchie de l'acte de la promesse inhérent à l'alliance de Dieu et de l'être humain. On ne peut pas ne pas nous promettre un bien absolu consommatoire (le salut) à la façon dont le Dieu de la parole transforme la vie et le monde en une harmonie des effets pragmatiques d'un sens verbal, basée quant à elle sur une sensibilité verbale qui se produit comme identification gratifiante des sons émis et des sons entendus.

La vérité de l'existence une fois remplacée par la magie verbale de la promesse devient dans l'herméneutique une loi de production du sens qui permet de lire des contenus narratifs du seul fait qu'on les entende narrer, du seul fait

---

[55] Ibid., p. 452.

[56] Reagan C., « Réflexions sur l'ouvrage de Paul Ricœur : La mémoire, l'histoire, l'oubli » in *Transversalités*, 2008/2, (N° 106), Paris, p. 165-176.

qu'on les narre et qu'on les transmette. Cette loi prétend nous permettre de créer une tradition à partir de la pure et simple occurrence d'une pensée qui ne peut pas ne pas nous arriver comme vraie et ne peut pas ne pas révéler son déplacement.

Essayons de lier ensemble, de façon évidemment non exhaustive, la critique de la raison historique, la philosophie de l'histoire, la phénoménologie d'une conscience considérée dans sa finitude affective et dans sa volonté avec celle de l'herméneutique du texte en montrant que c'étaient exactement les mêmes schématismes transcendantaux qui y opéraient dans la pensée de Ricœur.

L'histoire s'y voit convertie en une pure et simple réception des impulsions et des orientations primaires de la volonté du monde. La culture s'y transforme en l'ensemble des formes consensuelles institutionnalisées par la société dans son autorégulation. L'existence humaine y est déterminée une fois pour toutes par la conscience de sa finitude ainsi que par la conscience réactive comme intuition réceptrice passive des effets de ses décharges passionnelles. Il s'ensuit donc que la raison historique, l'éthique et la sagesse pratique s'avèrent réduites dans cette herméneutique à des reflets-réflexes, perceptifs et intellectuels de la conscience, c'est-à-dire à des formes aliénées et objectivées des effets des décharges affectives.

La cure philosophique du traumatisme historique fait apparaître les mécanismes langagiers permettant de neutraliser des indécidabilités de la conscience du fait de pouvoir les rapporter à l'idée du bien, sensibilisée dans la prosopopée d'une sagesse qui jouit de sa force régulative du seul fait que la conscience puisse intuitionner les résultats voulus de son action thérapeutique.

On y neutralise le jugement d'objectivité dans la raison historique et dans la cure philosophique de la mémoire parce que l'existence humaine s'y identifie à des effets communicationnels et pragmatiques de la parole à la façon dont le Dieu judéo-chrétien de la parole transforme la réalité humaine dans l'anticipation irréfléchie d'une réponse gratifiante et de l'objet absolu de la consommation universelle : le salut, symbolisé comme immortalité que s'est conquise le sauvé.

La lecture herméneutique du texte historique comme témoignage narratif devient la production d'un sens qui se trouve validé du seul fait qu'on le fasse entendre. Il lui suffit donc de refléter ses effets générateurs dans une intuition intellectuelle et de fixer des résultats de sa compréhension et de sa connaissance à partir d'une stabilisation des effets signifiants dans les schèmes de l'imagination et de l'entendement.

Mais la critique de Badiou portant sur l'herméneutique de l'histoire chez Ricœur est-elle suffisante pour nous guérir de la sublimation romantique qui l'habite et de ses conséquences postromantiques ? On ne peut réduire le flux événementiel du monde historique à un ensemble des effets du Multiple comme étant une sorte de forme productrice qui précède toute unification objectivante. Pour Badiou, dans sa phénoménologie mathématique, l'histoire se laisse penser comme la pure réception des effets de l'acte initial de la violence (le mouvement révolutionnaire de Mao). Sa pensée s'engage ainsi dans le même schème de transformation intentionnelle des données affectives que dans la philosophie de Ricœur.

L'herméneutique de Ricœur et l'ontologie transitive de Badiou présupposent toutes deux pouvoir valider une intensification de la jouissance du sujet herméneutique et phénoménologique, qui produit, d'un seul mouvement, les conditions perceptives, épistémiques, intentionnelles et actionnelles de son existence et se rend capable de s'en libérer souverainement du seul fait qu'il y exerce un acte gratuit de sa volonté, pensé à l'image d'un retour éternel à soi, celui de l'intuition créatrice.

Pour pouvoir dépasser la vision herméneutique et phénoménologique de l'histoire et sa jouissance invétérée des événements, comme le désire Badiou, il faudrait pourtant pouvoir repenser la condition humaine à partir de l'exercice du jugement d'objectivité dans l'usage de la parole, d'un jugement qui porte sur les perceptions, les pensées, les désirs et les actions des partenaires de dialogue. Il faudrait pouvoir l'appliquer à l'histoire elle-même et montrer qu'elle est mue par cet exercice lorsqu'elle identifie et reconnaît ses limitations dans la jouissance narrative. C'est à cette condition que l'histoire pourrait ne pas se convertir en une simple illusion transcendantale et que le sujet historique pourrait alors prendre la responsabilité de ses actes en jugeant effectivement de leur objectivité sociale et historique au lieu de se contenter de s'aliéner dans une conscience purement réactive et mimétique de son devenir.

Chapitre 6

La démocratie et la littérature : les schèmes religieux, la conscience réactive, la question des genres

La démocratie comme forme d'auto-organisation d'un peuple hante l'imagination philosophique et politique depuis l'Antiquité tout en étant un produit d'une certaine évolution sociétale et culturelle. La prosopopée polythéiste, comme forme d'aliénation objectivante des sources des désirs humains, semblait organiser l'interaction intersubjective et sociale en instaurant un ordre dans les stimulations langagières du comportement humain.

Le monothéisme fait oublier cet ordre en posant quant à lui l'interdit de figurer le Dieu unique et celui de prononcer son nom sublime. Il établit ainsi une nouvelle mise en ordre organique et réactive de l'être humain à un autre niveau. Il présuppose en effet pouvoir engendrer les modes régulatifs voulus de la perception, de la pensée, du désir et de l'action en faisant suivre à des consciences réactives les formes productives et universalisées des commandements divins, et ce, de façon aussi irréfléchie, qu'elles le font lorsqu'elles perçoivent l'identité dite « naturelle » du prononçable et de l'entendu comme étant la voix de Dieu lui-même.

Ce qu'on s'habilite à appeler littérature s'avère reproduire d'une certaine façon cette forme de formation de l'esprit. Elle y parvient en se contentant de réfléchir aux liens producteurs de sens entre des personnages, un narrateur et un auteur à l'intérieur de la conscience réactive, prolongeant ainsi à sa façon l'histoire du salut dans la narration.

La littérature se base en effet sur des effets narratifs et idéologiques empruntés à la tradition monothéiste comme programmation langagière de la vie organique, réceptrice et passive de l'être humain. C'est ce qui donne la force au mythe de se convertir en tragédie comme forme de réflexion aveugle sur la nécessité aliénée des réactions produites. Mais également en comédie comme forme de jouissance gratuite de la capacité des êtres humains à changer de masques. Et enfin, de se transformer en un roman comme forme d'inscription des consciences réactives dans une dynamique communicationnelle et pragmatique promouvant un mouvement progressif vers le bien commun ou vers la révélation du sens de l'être et des vérités intentionnelles de la conscience.

La source de l'imaginaire littéraire et de ladite culture littéraire demeure alors la prosopopée monothéiste, et par conséquent, la voix de l'Unique invisible. Celle-ci se voit convertie à partir des Lumières en un inconscient préhistorique qui est présumé mener le processus historique vers le bien suprême, vers la parole absolue, vers la transformation de l'être humain comme vivant langagier pourvu d'un appareil irréprochable : celui d'une magie verbale analogue à celle de l'Unique. La culture littéraire mime les relations de la voix avec l'intégralité de sa créature car elle impose l'horizon de la volonté d'un auteur à la coexistence des personnages et à la dynamique de témoignage d'un narrateur.

L'art moderne reste ainsi une sphère de l'expérimentation de soi où un sujet créateur a à mettre en question et met effectivement en question tous les préjugés de la tradition culturelle car l'art moderne prétend produire de nouvelles valeurs du fait que l'artiste reçoive une stimulation à s'expérimenter lui-même ainsi que les autres en identifiant les effets qu'il éprouve dans son sentiment intérieur, aux orientations présumées objectives de la nature pulsionnelle et réflexive de l'être humain.

L'art moderne est lié aujourd'hui nécessairement à toute la pratique culturelle contemporaine, à son opérance pragmatico-antropologique qui consiste à transformer les effets du consensus en une seule force régulatrice de la vie, en une seule force valable pour toutes les formes de vie communes et individuelles. Comme le scientifique contemporain efface les conditions d'existence de l'Univers en attendant une réponse gratifiante de la nature à l'appel de vérité qu'il exprime dans une nouvelle hypothèse et dans son expérimentation du monde visible, le peuple démocratique prétend se gouverner lui-même en recourant à la force aveugle du consentement publique, qu'il atteint en fixant grâce à lui des régulations à la vie commune et institutionnelle. De même l'artiste abolit toutes les opinions et les attitudes de la tradition précédente et conçoit son chef d'œuvre en se laissant inspirer par le dictat de la nature indifférente. Le philosophe, quant à lui, remplace le monde vécu en recourant à des formes d'intuition sensible et intellectuelle, à des schémas reproductibles dans certains concepts et dans certaines catégories de l'entendement. On perçoit, pense, désire et agit de plus en plus sous l'influence d'une sensibilisation de la raison, et donc, d'une sensibilisation de la pure et simple réflexion.

Celle-ci, plongée dans la conscience réactive, intègre les effets langagiers du consensus pragmatique à la façon dont le Dieu judaïque de parole a aboli toute forme de vie politique, juridique, morale, esthétique propre aux mondes vitaux et culturels : il l'avait abolie du seul fait qu'il avait imposé les interdits de prononcer son nom sacré et de le figurer par une image, substituant ainsi les effets de sa parole créatrice et régulatrice à la réalité objective de l'être humain. De même, la science expérimentatrice efface les conditions d'existence de la nature extérieure, celles qui étaient reconnues par les théories précédentes et transforme le scientifique en animiste qui s'interdit de laisser parler la vérité de son hypothèse pour n'attendre la réponse gratifiante que de la nature qui confirme ou non son hypothèse.

Seule la nature a donc le droit de parler. Il suffit au scientifique de déclencher une synthèse irréfléchie du divers en « inventant » son hypothèse, c'est-à-dire en identifiant magiquement la nature externe à un certain nombre des résultats acquis dans la perception des régularités mêmes de l'Univers qui peuvent ainsi être prétendues valides pour la phase actuelle du développement de la science.

C'est en mimant le geste monothéiste que l'art, la science et la philosophie constituent trois modes de créativité. Ils doivent tous les trois leur possibilité à une base de synthèses passives du divers (identifiées par Kant), formée à partir des synthèses de l'imagination qui conditionnent les synthèses de la contemplation (à travers la visée du temps) et les synthèses de la recognition (dans la production des essences). Pourtant ce qui constitue la connaissance n'est pas un acte synthétisant le divers, mais un acte qui rapporte un divers représenté à un objet. Mais ce divers représenté est lui-même un produit de l'imagination, c'est-à-dire d'une capacité de reproduire une représentation comme l'ensemble des impressions les plus intenses sélectionnées et isolées par l'intuition sensible, comme un ensemble qui semble s'identifier à l'essence d'une chose. C'est pourquoi l'imagination procure des schèmes pour la représentation des concepts de l'entendement et des formes de l'intuition dans la contemplation tout en donnant un mode exemplaire d'unification des représentations pour pouvoir créer à la fois l'unité du contemplé ainsi que l'unité d'un concept.

Dans toute œuvre d'art, on ne fait donc que reproduire le schématisme de l'imagination en mimant l'organisation irréfléchie du motif et en imposant les effets de cette mimésis dans une configuration des choix de force intensive effectuée dans la conscience réactive d'un créateur et d'un consommateur. Cette production mimétique est nécessaire pour qu'ils puissent tous deux s'identifier immédiatement à leurs réactions impulsives, telles que perçues intérieurement par leur réflexion tout en jouissant de les avoir transformées en stimuli de leur conscience et de leur existence.

La philosophie post-ontologique reflète la synthèse aveugle du divers : « du multiple », en mimant la spontanéité libre de la réceptivité et son opérance unificatrice dans la création de concepts ou de quasi-concepts non-dialectisables qu'elle s'octroie généreusement à la suite de Deleuze et Derrida de la façon la plus arbitraire. Elles sont toutes des formes de réflexion par lesquelles on identifie les effets rassemblés des décharges pulsionnelles et de leur force différentielle. Elles se font accepter comme les modes de description des effets recevables de l'intensité, de la trace de la différence ontico-ontologique ou encore, d'une forme intérieure du contexte langagier : dans les jeux de langage assimilés à leur force magique d'harmonisation des formes de vie que leur reconnaît le second Wittgenstein.

La culture littéraire devient « l'époque des tableaux du monde », comme le disait si bien Heidegger quand la visualisation incessante des résultats de l'expérimentation de la nature extérieure et intérieure se voit dévalorisée durant l'époque des Lumières parce qu'elle n'assure plus l'accès à la vérité connaissable de l'expérience. La culture littéraire produit alors un programme sentimentaliste qui identifie l'état du monde aux effets multiples des décharges de l'instinct moral pour pouvoir ouvrir immédiatement l'accès à l'essence du vécu, c'est-à-dire à notre nature régulatrice conçue comme l'ensemble des perceptions stimulantes et des réactions irréfléchies de la vie de notre « âme » que nous révélait Rousseau.

L'époque des tableaux du monde s'imposant comme la source absolue de la réactivité langagière humaine engendrée par la nature pulsionnelle programme toute une typologie morale, psychologique, sociale et politique en remplaçant les conditions objectives de constitution du monde humain par un réseau d'images stéréotypées, considérées comme les résultats de la connaissance expérimentatrice promue par la littérature (dans le grand roman classique du XIXème siècle).

L'époque expérimentale forge même un projet de volonté de puissance dans l'ouvrage *Crime et châtiment* de Dostoïevski : Raskolnikov y crée, suivant l'expérience qu'il programme de ses impulsions, une représentation de la vérité comme expression d'une conviction incarnée en lui, en la formulant comme une maxime réglant le comportement individuel et collectif. En émane une idée de la démocratie des consciences émancipées et, avec elle, se manifeste l'idée de l'œuvre littéraire comme étant le laboratoire expérimental où s'élaborent des valeurs et les formes de leur partage. On peut y repérer les moments principaux de la construction d'une conscience individuelle et du partage des valeurs qui déterminent pour Dostoïevski à la fois la naissance d'une race éclairée et celle du porteur d'une conscience sublime, qui émerge alors comme résultat du processus global :

1) La conscience intime de ce projet émerge à partir d'un affect intellectuel d'angoisse et de victimisation des

êtres humains, né de leur réception d'une impulsion stimulante venant de leur nature intérieure, qui leur donne la capacité de vivre pour une idée en mettant en parfaite cohérence le vécu et le pensable pour établir une coïncidence complète entre le sens de l'affect qu'ils reçoivent et son épreuve sentimentale et intellectuelle.

La conscience de l'idéologue se constitue, quant à elle, à travers les intuitions du présent et de l'avenir et en recourant à la représentation qui identifie son porteur au processus d'une expérimentation morale : elle naît en formulant l'incertitude cruciale vécue à partir de l'abolition de toutes les conventions éthiques et associe à cette formulation un geste de la volonté de puissance. Un élan de puissance intérieur vient mettre fin à cet état d'incertitude par la mise en avant d'une idée de la vie, par une série de mises en question, par l'accent mis sur l'intensité des désirs et, pour finir, par un jugement porté sur sa propre élection comme le seul être capable de révéler le but de l'histoire universelle :

> « Au présent : l'inquiétude sans objet et sans but ; dans l'avenir : un sacrifice continuel par lequel rien n'était obtenu : voilà quel était son sort. Et qu'importait si, dans huit ans, âgé alors de trente-deux ans seulement, il pourrait de nouveau commencer à vivre ! Pourquoi vivre ? Quels projets ferait-il ? Vers quoi tendrait-il ? Vivre pour exister ? Mais il avait été mille fois prêt, même auparavant, à donner son existence pour une idée, pour un espoir, et même pour une fantaisie. La satisfaction d'exister ne lui suffisait plus ; il avait toujours voulu davantage. Il était possible que la seule intensité de ses désirs ait déjà suffi à ce qu'il se considère lui-même comme un homme auquel il est permis plus qu'à d'autres. »[57]

2) Après son crime, la neutralisation du repentir se trouve réduite à l'état d'une simple décharge de l'instinct moral où il entrevoit son destin comme le destin d'un être

[57] Dostoïevski F. M., *Crime et Châtiment*, Trad. Victor Derély, Paris, Plon, (1884), 2009, Tome 2, p. 766.

humain où se justifie de lui-même l'enchaînement nécessaire des causes et des effets. Il identifie la logique des phénomènes perceptifs, intellectuels et incitatifs de son psychisme réactif en fonction d'une loi morale qui apparaît de façon présumée objective comme un mouvement naturel imprédictible incitant à des changements impulsifs de la pensée, de la volonté et de l'agir à partir de leur simple et pure perception à l'intérieur de son esprit. La Providence s'y trouve identifiée à une nature impulsive qui réduit son porteur à l'état d'un récepteur automatique des impulsions naturelles et identifie la vie, au pur et simple événement de cette réception :

> « Pourquoi la Providence ne lui envoyait-elle pas le repentir, le repentir brûlant qui brise le cœur et qui chasse le sommeil, un de ces repentirs dont la torture fait rêver de corde et d'eau profonde ? Combien il en aurait été heureux ! Les tortures et les larmes, c'est la vie aussi ! Mais il ne se repentait pas d'avoir commis son crime ».[58]

3) La transformation des mouvements impulsifs et des intuitions du je moral qui définit à ses yeux les conditions de sa propre existence, s'exprime dans un jugement libre portant sur ses actions anciennes, dans un jugement qui repense le contenu de celles-ci et fonde la conscience du développement illusoire de la croissance de sa maîtrise de soi, d'une croissance à la fois intellectuelle et active. Raskolnikov dénie toutes les valeurs chrétiennes en fondant son jugement sur la conscience de sa propre imperfection : celle-ci serait imputée à un être humain dès sa naissance et ne pourrait pas ne pas définir tout changement de sa conscience comme le dictat d'un destin intérieur, comme l'effet nécessaire de sa nature affective. Les actions qu'il a produites dans le passé ne lui

[58] Ibid., p. 766.

paraissent pas aussi mauvaises et immondes qu'elles ne le semblent puisqu'elles ne sont que la conséquence de la perception d'une stimulation à l'intérieur de son âme.

Se fondant donc sur la simple occurrence de cette pensée où il réévalue le contenu de son passé, Raskolnikov situe cette pensée dans le régime de sa dénégation : il dénie ce que lui inspire sa conscience réactive en invoquant un état objectif des choses. Cette thèse formée pour revalider instinctivement ses actions le dispense de reconnaître qu'il lui est nécessaire de juger consciemment et de façon critique les résultats de sa pensée affective et de la représentation qu'il a de lui-même :

> « Au moins il aurait pu s'en vouloir d'être sot, comme il s'en était voulu pour avoir commis les actes affreux et stupides qui l'avaient conduit en prison. Mais maintenant qu'il était en prison, avec la liberté de méditer, il réfléchissait ; il passa de nouveau en revue tous ses actes et il ne les trouva nullement aussi affreux ni aussi stupides qu'ils lui avaient paru lors de cette fatale époque qui avait immédiatement précédé sa dénonciation. »[59]

4) Cette maîtrise de soi intellectuelle et active se forge en recourant ainsi à une maxime comportementale du mépris stoïcien de la vie comme pure perception des affections immédiates et de ses effets irréfléchis mise au service de l'approfondissement du je pensant et productif. Cela se manifeste dans une réaction de Raskolnikov à l'égard d'un attentat de meurtre : face au danger mortel, il témoigne du degré suprême d'autocontrôle où s'exprime de façon active la représentation qu'il a du bien : en s'identifiant à un être qui se maîtrise parfaitement, il refoule tout mouvement de mise en question de cette maîtrise en se soumettant à sa vitalité sublime, qu'il transfigure dans une posture ataraxique :

---

[59] Ibid., p.766.

« L'un des forçats se précipita sur lui en proie à une rage folle ; Raskolnikov était tranquille et silencieux : il ne leva pas un sourcil, pas un trait de son visage ne frissonna. Un garde eut le temps de s'interposer entre lui et son agresseur, sinon, le sang aurait été versé. »[60]

5) L'accroissement de sa maîtrise de soi survient au cœur d'une révélation surpuissante de la situation spirituelle du monde et de sa propre place dans celle-ci. Cet accroissement de la volonté de puissance, se manifestant comme le moteur aveugle et irréfléchi de la conscience et de son agir fait surgir une hallucination géniale du dessein de la volonté inconsciente du monde, il entraîne avec lui le destin du héros et de l'humanité, le destin de cette volonté qui reproduit les mécanismes de réalisation de la volonté du Dieu de parole judaïque. La situation de lutte universelle des égoïsmes engendre la naissance d'une nouvelle race d'élus qui va renouveler l'humanité et la terre en anticipant l'aperception de son caractère mystérieux.

La façon irréfléchie dont se produisent les réactions égoïstes va se refléter dans la façon affective dont se crée un nouvel instinct vital. Cet instinct est celui d'un instinct portant chacun vers le consensus aveugle des sujets républicains :

« Il avait rêvé que le monde entier était condamné à devenir la victime d'un fléau inouï et effrayant qui venait d'Asie et envahissait l'Europe. Tous devaient y succomber, excepté certains élus, fort peu nombreux. Des trichines d'une espèce nouvelle avaient fait leur apparition ; c'étaient des vers microscopiques qui s'insinuaient dans l'organisme de l'homme, mais ces êtres étaient des esprits pourvus d'intelligence et de volonté. Les gens qui les avaient ingérés devenaient immédiatement possédés et déments. »

---

[60] Ibid., p.769.

L'emprise de la nature sur eux se révèle alors de façon également inattendue :

> « Mais jamais personne ne s'était considéré comme aussi intelligent et aussi infaillible que les gens qui étaient contaminés. Jamais ils n'avaient considéré comme plus infaillibles leurs jugements, leurs déductions scientifiques, leurs convictions et leurs croyances morales. Des villages, des villes, des peuples entiers étaient infectés et succombaient à la folie. [...] Le fléau croissait en intensité et s'étendait de plus en plus. Tout et tous périrent. Seuls, de toute l'humanité, quelques hommes purent se sauver, c'étaient les purs, les élus, destinés à engendrer une nouvelle humanité et une nouvelle vie, destinés à renouveler et à purifier la terre : mais personne n'avait jamais vu ces hommes, personne n'avait encore entendu leur parole ni leur voix. »[61]

6) La décharge ressentie à l'égard de son instinct moral se transforme en production d'un geste affectif irréfléchi, ressenti comme l'accomplissement de l'impulsion naturelle. Raskolnikov se prosterne devant Sonia en tant que figure des souffrances humaines en général à la façon dont la culture religieuse assumait la vénération des souffrances du Dieu qui s'était fait homme. Cela lui permet de basculer vers une révélation affective qu'opère Raskolnikov et de rejoindre l'époque des prophètes judaïques qui proclamaient encore et toujours l'accomplissement de la promesse du Dieu de parole. Cette décharge s'accompagne d'une compassion infinie et de la production d'une compréhension mutuelle, et donc, d'un sentiment intellectuel. Ce sentiment intellectuel se voit immédiatement partagé du seul fait qu'il soit parvenu à identifier tout le visible au non-prononçable, opérant ainsi une gesticulation affective et un échange sentimental sur le sens sublime de cette action :

---

[61] Ibid., p.770 - 771.

« Il ne sut pas comment cela se passa, mais il se sentit soulevé par une force inconnue et jeté aux pieds de Sonia. Il pleurait et il étreignait ses genoux. [...] Mais immédiatement, à l'instant même, elle comprit tout. Un bonheur infini brilla dans ses yeux ; elle avait compris, elle n'avait plus de doute maintenant, il l'aimait, il l'aimait d'un amour sans limite et son heure était enfin venue… »[62]

7) Ce transfert mutuel des effets d'une décharge de l'instinct moral et le partage commun de son contenu se produisent au sein d'une inversion des stimuli : après cette décharge et l'union sentimentale et intellectuelle de Sonia et Raskolnikov, ils ne peuvent plus parler. Car tel était l'effet sur eux de la nature affective et morale qui leur avait donné à connaître l'unité sublime des êtres spirituels à travers une forme transcendantale du sentir, c'est-à-dire dans cette inexprimabilité qu'ils ressentaient mutuellement du contenu de l'affect sublime. Cette forme remplace une stimulation affective reçue comme mouvement naturel et leur permet de se figer dans une prosopopée langagière qui engendre la perception, la pensée et l'agir à partir d'un simple événement : l'occurrence d'une stimulation à ne plus pouvoir parler qui leur enlève toute possibilité d'exprimer leur affect à chaque instant de leur existence humaine.

Cette inexprimabilité atteste ainsi du caractère sublime de cet affect. Elle s'impose donc à partir de la simple sensation qu'il leur est impossible de transposer en discours leur mystère affectif. C'est ainsi que la perception du nom imprononçable du Dieu de parole se manifeste dans le contexte des limites de l'expérimentation de la nature morale des humains. Elle y émerge comme la forme intérieure d'un contexte langagier qui aboutit à une nouvelle décharge extraordinairement puissante de l'affect

---

[62] Ibid., p. 773 - 774.

d'amour dans la logique d'un changement évolutif des affects :

> « Ils voulaient parler, mais ils ne le pouvaient pas. Les larmes inondaient leurs yeux. Ils étaient hâves tous les deux ; mais ces visages maladifs et pâles s'auréolaient déjà du renouveau futur, de la résurrection totale à une vie nouvelle. L'amour les avait ressuscités ; le cœur de l'un contenait des sources intarissables de vie pour l'autre. »[63]

8) La transformation de la décharge affective est mutuellement vécue dans une image énonçant la prosopopée de l'action vitale et elle a recours à une règle de production de la vie basée sur la neutralisation de la capacité de juger des conditions objectives de l'existence. Aussi s'incarne-t-elle dans la position d'une attente passive des impulsions stimulantes de la nature intérieure : celle-ci se dessine dans une possibilité de vivre pour autrui parce qu'une unité affective produit une substituabilité des êtres l'un à l'autre du seul fait qu'ils se voient reproduire les mêmes perceptions, les mêmes pensées et les mêmes actions dans n'importe quelles circonstances intramondaines :

> « Ils décidèrent d'attendre et de patienter. Ils en avaient encore pour sept ans ; en attendant cette échéance, ils allaient vivre encore d'insupportables souffrances et tant d'infini bonheur ! Mais Raskolnikov était ressuscité et il le savait, il le sentait pleinement de tout son être renouvelé, tandis qu'elle ne vivait que de sa vie à lui ! »[64]

La décision de patienter se prend comme un acte de la volonté évolutionniste d'un génie postromantique. Elle présuppose chez celui qui la prend l'identification préalable de son être affectif à une multitude indéfinie

---

[63] Ibid., p. 774.
[64] Ibid., p. 774.

d'impulsions primaires qui constitue le chaos originaire dans la révélation expérimentale des régulatifs de la nature morale. Cette décision traduit le mouvement auto-réflexif de la conscience postromantique dans sa recherche d'un affect toujours plus intense afin de pouvoir accumuler assez d'énergie vitale pour se transfigurer affectivement et intellectuellement en un génie postromantique.

A chaque fois qu'il se sent exposé aux conditions du manque de liberté dans sa prison, sa conscience va refléter ce mouvement affectif et renforcer en réaction le repli de sa volonté de puissance vers un sentiment gratifiant : le bonheur d'harmonie sublime avec le monde et avec les autres. Ce sentiment relance sa volonté de puissance et lui donne un accès immédiat à la vie d'une autre, Sonechka, qui vit et vivra sa propre vie comme une sorte d'ascèse altruiste. Elle la vivra au profit de sa vie à lui, d'une vie où son partenaire avait déjà décidé de s'adonner à une ascèse absolue de la vie car celle-ci lui paraissait constituer la seule posture adéquate, la seule à lui permettre de recevoir tous les effets recevables du cours évolutif de la volonté mondiale. L'affect de gratification sublime qui le submerge, influe sur son intuition productive grâce à ce partage intersubjectif irréfléchi où chacun se limite et limite son partenaire en mimant l'ascèse absolue de la nature externe elle-même. Celle-ci ne se limite-t-elle pas constamment pour résoudre toutes les contradictions de l'évolution en tirant toute sa force gratifiante du repli qu'elle effectue sur elle-même ?

La volonté de puissance comme neutralisation du jugement d'objectivité se renforce ici d'autant plus chez celui qui s'y adonne qu'il ressent l'accroissement de cette limitation ascétique chez quelqu'un d'autre et en tire profit pour s'affecter lui-même et combler son désir d'auto-affection en se soumettant à ce principe transcendantal inconscient qui constitue à ses yeux sa propre nature régulatrice.

9) La conscience de Raskolnikov se mécanise et se primitivise dans le jugement aveugle qu'elle porte sur ses souffrances anciennes pour parvenir à chasser le crime de sa mémoire en le réinterprétant dans la perspective d'une souffrance à venir qui lui permettrait de se racheter. Ce rachat est ressenti lorsqu'il renouvelle la sensation qu'il a de lui-même en étant stimulé par les signaux impulsifs émanant de sa propre nature morale bien qu'il soit incapable d'estimer objectivement leur contenu. Car il ne s'identifie qu'à l'effet stimulant du sens moral de cette action à venir. Ce dont témoigne le narrateur dans son usage des notions de « sentiment » et de « vie » :

> « Et puis, qu'étaient toutes ces souffrances du passé ! Tout, même son crime, même la condamnation et l'exil, lui paraissaient être à présent, dans ce premier élan, autant d'événements extérieurs, étranges, auxquels il ne s'était même pas trouvé mêlé. Du reste, il ne pouvait, ce soir-là, réfléchir longtemps, d'une façon continue, et concentrer sa pensée sur quelque chose ; et puis, il n'aurait rien pu résoudre consciemment à présent ; il ne faisait que sentir. La vie avait remplacé la dialectique, et sa conscience devait élaborer quelque chose de tout nouveau. »[65]

Pourquoi la vie a-t-elle remplacé la dialectique ? Parce que toute la réflexion sur la vérité de l'existence est nourrie depuis les Lumières par un jeu antinomique de jugements aveugles formés par les subjectivités sur elles-mêmes à partir de la généralisation des affects différents émanant de la nature pulsionnelle. Cette conscience à la fois ambiguë et antinomique doit s'effacer à ses propres yeux en devenant une conscience sublime, en devenant la conscience qui aboutit au degré suprême de sa

---

[65] Ibid., p. 774-775.

sublimation, c'est-à-dire qui advient à elle-même comme le pur appareil réactif de la volonté du monde qu'elle est.

La conscience de l'agent de cette évolution est une conscience béate, une conscience qui s'approprie toutes les possibilités de son développement du seul fait qu'elle les reçoive et les reflète à l'intérieur de l'esprit. Car elle parvient à transformer ainsi tout le perceptible et tout le représentable en un but en soi, en un but consommé dans cette sublimation de la conscience. Les effets aliénés de cette conscience s'appréhendent alors eux-mêmes comme les formes intérieures des contextes vitaux qui remplacent la réalité objective.

Cette sublimation de la conscience devient la seule et unique réaction qui la stimule : la source auto-affective de la conscience pragmatique du génie postromantique qui prend la décision de patienter et de partager sa patience avec une autre personne, à chaque fois qu'il se libère de son instinct moral et qu'il canalise ses perceptions stimulantes de façon à les sublimer. Il est donc finalement capable de les rapporter à l'idée morale de son être en tant qu'il y jouit de l'aliénation objectivante des effets de cette libération.

C'est ainsi qu'il s'approprie la force d'effacer tous les contenus vécus et ressentis, toutes les données affectives qui ne correspondent pas aux exigences du régime consommatoire de la conscience géniale. Il produit l'oubli des souffrances du passé à la façon dont il se croit produire lui-même déjà ces souffrances en devenant l'intuition originaire de l'être qui habite la conscience béate auto-référentielle du génie postromantique. La vie comme pure production du pensable et du perceptible remplace la dialectique comme dynamique contradictoire du devenir : elle s'égale à la pure perception des stimuli qu'elle croit produire et qu'elle consomme d'elle-même lorsqu'elle parvient au stade de la sublimation d'elle-même.

10) La série réflexive portant sur l'unité des convictions et de la vie de Sonia doit devenir le fondement de l'action vitale de Raskolnikov. Pour lui, l'attente primitive d'une l'impulsion naturelle s'impose comme expression de l'impératif principal de la conscience morale. Elle s'inscrit dans la pragmatique de l'accomplissement du projet de sa volonté de puissance qui consiste tout de même dans la construction d'une société fondée sur l'acceptation irréfléchie de la vie et sur la participation des acteurs au *sensus communis* qui en découle.

Ce *sensus communis* se résume dans la prosopopée sentimentale romantique de la simple sensation sublime qu'on a de soi dès lors qu'on a ressenti que la source de sa propre différence d'avec les autres réside dans ce mode d'affectivité. La perception d'un genre humain réduit à une foule de médiocrités cède la place à la prosopopée convictionnelle postromantique qui procure ainsi un fondement ontologique et pragmatique aux consciences républicaines. Il lui suffit pour cela de partir de la transformation d'une vérité ressentie comme un affect de la nature productive dans sa propre pensée réactive pour rassembler les conditions de ses actions quelconques et les modes de réalisation de cette pensée en les jugeant de façon arbitraire et aveugle et se forger une intime conviction qu'elle peut partager : assumant ainsi la prétention affective et intellectuelle du jugement moral réfléchissant à s'universaliser. Cette conviction a alors beau jeu de déterminer l'agir individuel et collectif grâce au pouvoir qu'elle a de saisir le caractère sublime et unificateur de ses inclinations naturelles.

Cela se produit donc à chaque occurrence d'une stimulation de la volonté vitale appliquée à l'organisme subjectif à chaque fois qu'un lien de sympathie unit les sujets, et qu'il leur donne donc, le pouvoir de dépasser leur finitude humaine vers un acte pur de création infinie d'eux-mêmes et du monde :

> « ... une pensée lui vint : « Est-il possible à présent que ses convictions ne fussent pas les miennes ? Ses sentiments, ses aspirations, tout au moins… ».[66]

L'acceptation irréfléchie de la vie permet à l'être humain de se transfigurer par le langage et de s'égaler à une réception de ses affects et de ses pensées qui se reflètent aveuglément en lui du seul fait qu'elles lui viennent à l'esprit. La conscience postromantique reçoit la réponse de la nature gratifiante dans la limitation ascétique qu'elle s'inflige et dans le partage inconditionnel de ses convictions qu'elle produit comme si elles étaient les principes actifs du comportement universel approprié à son idéal sublime. Elle jouit enfin de la réalisation de cet idéal sublime en mimant cette harmonie préétablie qui la porte entre ses stimuli et ses réactions.

Dans le roman russe classique qui inspire une volonté mondiale, on ne se contente plus de jouir des affects reflétés par la pure conscience romantique qui reçoit des stimulations de sa nature pulsionnelle. On forme bien plutôt, à partir de la réflexion sur ces données affectives, des jugements aveugles qui résultent d'une généralisation des effets de l'action affective sur le sentiment intérieur. Ce jugement se porte lui-même sur la diversité de ces jugements, et donc, sur tous les jugements possibles comme principe de production des valeurs et des perspectives réglant l'auto-détermination de la volonté. Il suffit à ces jugements qu'ils révèlent leur force métapsychologique en se faisant partager

[66] Ibid., p.774-775.

psychologiquement par tous, à la fois comme convictions et comme motivations.

Partagés par l'ensemble des consciences réactives, ils permettent à tous d'imputer immédiatement telles ou telles directions irréfléchies à l'agir individuel ou collectif à partir de la réception de ces motivations perceptives, réflexives et dynamiques. Cette imputation est perçue et cette perception agit comme interpénétration régulatrice des esprits unifiés : elle agit de telle façon qu'elle s'avère être la condition de possibilité de toute action et de toute interaction émanant de la conscience sublime.

11) La limitation du projet de Raskolnikov s'exprime dans les indications que donne l'auteur sur les premiers périls possibles qui l'attendent, sur le manque de connaissance qu'il a de son action future et qui ne consiste pas dans la pure et simple connaissance qu'il a des conditions objectives de sa réalité. Elle en vient à transfigurer une vie marquée par un accueil passif des stimuli vitaux et l'autorise à se dispenser de juger réellement de leur essence pour finir par se transformer en un automate aveugle de la volonté vitale parmi d'autres « élus », agissant eux aussi pour la réalisation du but de l'histoire universelle :

> « Il ignorait que la vie nouvelle ne lui serait pas donnée sans souffrances, qu'il devrait encore la payer très cher, la payer d'une grande épreuve héroïque et douloureuse… »[67]

La transfiguration évolutive de la vie d'un génie postromantique doit passer par l'épreuve douloureuse d'une recherche des principes inconditionnels de l'action et de l'interaction universelles qui apparaissent à sa conscience comme des motivations repliées sur elles-mêmes, et donc, comme des sortes de buts en soi, des buts

[67] Ibid., p. 775.

filtrés par leur réception comme stimuli qu'opère la volonté mondiale. La transformation de la volonté subjective et réactive en une volonté de puissance auto-possessive et active est marquée par une réflexion qui se focalise sur la croissance graduelle de sa force vitale et se rachète par la passion. Cet accroissement d'intensités se voit exposé à la conscience de notre finitude affective et intellectuelle et parvient, grâce à celle-ci, à déclencher la capacité infinie du héros à transfigurer sa sentimentalité, stimulée qu'elle est en boucle par l'intuition originaire qu'elle a d'elle-même et qui lui fait consommer ses propres stimulations.

L'idée de race est formulée par Dostoïevski dans le cadre du roman de la volonté mondiale comme union affective et consensuelle. Elle se trouve exprimée dans son *Journal d'écrivain* et dans ses paroles idéologiques sur le peuple russe : ce peuple est élu pour porter la lumière divine de la foi orthodoxe en préparant pourtant le schème transcendantal et le plan symbolique d'une organisation totémique post-démocratique dont on peut observer les effets destructifs dans notre civilisation post-moderne.

C'est ainsi que la culture littéraire révèle son caractère idéologique en s'affichant comme programmation d'un esprit qui ne peut agir que filtré par les habitudes forgées par la parole prophétique du génie littéraire. C'est cette parole qui engendre les modes voulus de perception, de pensée, de désir et d'action dans la perspective du mouvement inconscient d'un ensemble de consciences qui évoluent vers le but historique de l'humanité.

Dès que la transfiguration pragmatique du génie post-romantique s'avère acquise dans le déploiement de sa recherche romanesque, l'horizon expérimental de l'auteur englobe tout un témoignage narratif qui relate la dynamique de cette transformation de la conscience béate et qui s'habilite à prononcer son projet idéologique comme étant le résultat de la réflexion autarcique portant sur les principes transcendantaux du comportement universel qui ont été forgés aveuglément à partir de données affectives.

Chapitre 7

Tolstoï et Dostoïevski : l'écriture romanesque et le jugement idéologique

La situation conceptuelle et schématique du méta-scénario du roman russe narre l'aventure de la « volonté du monde » : elle est mue par des mouvements insensibles par lesquels elle transfigure les appétits individuels et collectifs. Elle transfigure les perspectives de leur évaluation puisqu'elle identifie celles-ci à des points de vue subjectifs sur le monde, mais elle sublime ainsi bien sûr également les désirs privés d'une conscience réactive qui doivent être considérés dans le contexte de ses relations à d'autres consciences. Elle rapporte tout cela à la source inconditionnelle de tout désir qui se révèle à travers une conscience, à travers une liaison des consciences et à travers leur apparaître successif.

Chez Tolstoï, l'appétit individuel, et donc, l'ego-perspective propre à l'évaluation d'une conscience de soi sublime, la production des désirs et la pragmatique d'appropriation d'un objet de désir constituent l'essence du projet romantique qui se forge d'après le mythe de Napoléon. Convergent vers lui, l'ensemble des représentations du rôle historique d'une personne capable d'exprimer l'unité intégrale de toutes les tendances d'actions humaines privées, locales, nationales et globales.

Comment les appétits individuels se limitent-ils mutuellement dans le contexte des relations téléologiques des consciences réactives qui aperçoivent et valident les impulsions d'une nature intérieure affective à partir du simple événement des décharges affectives advenant à l'intérieur de l'esprit ?

L'interaction des consciences réactives ne se construit plus dans la mimésis de la raison représentante : dans l'action d'une auto-aperception accompagnant toute représentation d'une chose ou d'un fait en articulant une existence représentée, une pensée et un désir à partir de l'unification irréfléchie d'un divers. C'est cette interaction même qui s'avère être le fondement de la production de tableaux argumentatifs qui résultent de la visualisation des données de l'expérience expérimentale dans la poétique des Lumières, lorsque les positions des acteurs sont stabilisées une fois pour toutes.

Dans l'écriture de Tolstoï, les consciences réactives se conjuguent en mimant une nature qui produit d'elle-même des formes de possession de soi dans l'organisation des courants affectifs des consciences réactives en fonction des modes de sensation qu'elles ont d'elles-mêmes et de leurs modes d'auto-aperception. C'est également leur conjugaison qui forge les formes d'actes de volonté de ces consciences et qui leur fait changer, inconsciemment et progressivement, la direction de leur perception du monde, celle de leur pensée et celle de leur comportement.

Dès que les effets des décharges affectives et les impulsions de volonté comme perceptions stimulantes irréfléchies pénètrent la sphère émotionnelle et motivante de la vie psychique des personnages, ils interagissent sans avoir à juger de l'objectivité de leur contenu et ils constituent ainsi le fonds général de l'existence interactionnelle chez Tolstoï. Parce qu'ils interagissent également sur les positions affectives et réactives des consciences, ils leur ouvrent la voie de leurs sublimations.

Dans ces processus de sublimation, les contenus affectifs se transforment en ensembles d'effets de décharges émotionnelles les plus intenses, en principes irréfléchis de leur perception, de leur pensée et de leur action. Ils opèrent ainsi en tant que régulatifs ressentis dans le sentiment transcendantal que les individus ont d'eux-mêmes, c'est-à-dire dans leur capacité personnelle d'émettre ce que Kant appelait des « jugements réfléchissants ». Ils se donnent de cette manière des directions de réactions, basées sur le sens moral du vécu imputant à des consciences coexistantes les formes de compassion et de cohabitation appropriées en fonction de leur pure et simple occurrence dans l'entendement qui les réfléchit.

Le degré suprême de sublimation se voit atteint dans la proposition de Pierre Besoukhov de ne plus parler car tout ce qui le touche émotionnellement se transcende en une décharge immédiate de compassion envers Natacha Rostova, et s'exprime dans un changement involontaire d'intonation et dans la réflexion de ses effets sur sa conscience réactive :

> « Oh ! je sais que tout est fini, et que cela ne peut plus se renouer, mais je suis tourmentée du mal que je lui ai fait. Dites-lui qu'il me pardonne, qu'il me pardonne ! ajouta-t-elle en tremblant convulsivement, et en se laissant tomber sur un fauteuil.
> – Oui, je lui dirai tout, répondit Pierre avec une profonde émotion, mais j'aurais désiré savoir une chose…
> – Laquelle ?
> – J'aurais voulu savoir si vous avez aimé ce… (il rougit, ne sachant comment qualifier Anatole…) si vous avez aimé ce vilain homme ?
> – Oh ! ne l'appelez pas ainsi ! Je ne sais pas… je ne sais plus rien ! »

La réaction émotionnelle est immédiatement psychologique et physique à la fois. Elle s'impose violemment :

« Une pitié, telle qu'il n'en avait jamais ressenti une pareille, un sentiment de profonde et ineffable tendresse, envahit si violemment l'âme de Pierre, que les larmes jaillirent de ses yeux : il les sentait couler sous les verres de ses lunettes, et espérait qu'elle ne les remarquerait pas :
"N'en parlons plus, mon enfant," lui dit-il en se remettant peu à peu. Natacha fut frappée de la douceur et de la sincérité de sa voix. »[68]

Le regard larmoyant de Pierre et de Natacha devient le moyen de transmission métapsychologique d'un affect sublime à un allocutaire où se produit l'identification irréfléchie et automatique de l'action d'un affect qui se reflète dans le sens moral que le héros ou l'héroïne donne à l'événement de leur monde intérieur. La production d'un affect, qui implique une transmission des effets stimulants à toute conscience réactive selon un mode de réflexion primaire leur permet d'identifier les données aperçues d'un mouvement psychique et mental à son sens moral : cette production s'avère être ce que Tolstoï pense comme « la vie ».

La vie comme participation compassionnelle des consciences réactives dans leur sensation d'elles-mêmes et dans leur représentation d'elles-mêmes se rend cohérente avec leur principe inconditionnel inné, émanant du pressentiment de la raison architectonique. Celui-ci se manifeste à elle comme principe téléologique de toute perception de soi et de toute conscience de soi, dans le mouvement inconscient et subconscient qu'elle projette en elle vers le but du processus historique de l'humanité.

Cette compréhension de la vie suppose que la transmission d'un affect, l'agitation immédiate de l'âme par une sensation sublimée de soi et le reflet de l'effet de cette agitation adviennent dans la conscience réactive du héros. Il revient donc à l'auteur d'extrapoler cette forme

---

[68] Tolstoï L., *Guerre et Paix*, trad. I. Paskévitch, Paris, Hachette, 1901, tome 2. p. 213.

vécue de la sensation de soi qu'elle a d'elle-même par la sublimation d'une conscience réactive à partir de l'auto-affection de son sentiment intérieur dans la réception des effets des décharges pulsionnelles sur tout un champ de relations et de liaisons intramondaines et intersubjectives :

> « Tout lui semblait maintenant si misérable, comparé au sentiment d'affection et d'amour qui l'avait envahi, à ce long et doux regard qu'elle avait attaché sur lui à travers ses larmes ! »[69]

A l'arrivée de Pierre à la Place d'Arbat, l'auteur décrit la contemplation qu'a le héros de la comète et du ciel étoilé qu'il nous présente comme une forme de cohérence irréfléchie entre ce qui peut apparaître extérieurement et ce qui peut apparaître comme vécu intérieur : il débouche ainsi sur le pressentiment réfléchissant, au sens kantien du terme, de l'harmonie ressentie entre la nature extérieure organisée et l'ensemble des actions organiques agencées de la nature humaine affective et réflexive sans disposer pour autant d'une représentation conceptuelle et catégoriale du but de l'existence humaine ainsi pressenti.

La conscience postromantique opère sa propre sublimation en dépassant ses propres frontières, en transcendant à la fois sa propre expérience et l'ego perspective d'une conscience singulière à partir d'une objectivation des résultats reflétés de cette expérience, c'est-à-dire en acquérant l'horizon d'évaluation qui peut définir et définit effectivement toute articulation des événements avec les contenus d'interactions humaines :

> « Le temps était admirablement clair : au-dessus des rues sales et obscures, au-dessus des toits qui s'enchevêtraient les uns dans les autres, s'étendait la voûte foncée du ciel, toute constellée d'étoiles. En contemplant ces hautes et mystérieuses sphères, si bien en harmonie avec l'état de son âme, il oubliait l'outrageante abjection

[69] Ibid., p. 214.

de la terre. Au moment où il débouchait sur l'Arbatskaïa, un large espace du sombre horizon s'ouvrit devant ses yeux. Tout au milieu rayonnait une pure lumière, dont la brillante chevelure, entourée d'astres scintillants, se déployait majestueusement sur l'extrême limite de notre globe : c'était la fameuse comète de 1811, celle-là même qui, au dire de chacun, annonçait des calamités sans nombre et la fin du monde. »

Heureusement pour Pierre la sublimation en lui de cette comète ne se fait pas attendre :

> « Mais elle n'éveilla aucune terreur superstitieuse dans le cœur de Pierre, et ses yeux humides de pleurs l'admiraient au contraire avec extase. Ne semblait-elle pas être venue s'enfoncer dans ce coin de la terre comme une flèche dont la parabole aurait franchi avec une rapidité vertigineuse l'incommensurable espace, et qui maintenant, relevant au-dessus d'elle son long et lumineux panache, se jouait au loin dans l'infini ! Il lui sembla que sa céleste lueur dissipait les ténèbres de son âme, et lui laissait entrevoir les clartés divines d'une nouvelle existence ! »[70]

L'organisation téléologique de la coexistence de plusieurs consciences réactives et des voix individuelles conditionne l'analogie transcendantale comme fondement du système poétique de Tolstoï. Il se résout dans le schématisme d'une harmonie préétablie et cohérente entre d'une part, une multiplicité de consciences dans leurs perceptions, leurs pensées, leurs réflexions, dans les réalisations objectivées de leurs désirs, dans leurs actes de volonté et, d'autre part, la réalité perceptible, pensable et stimulante servant de contexte à l'agir privé et commun.

Le roman de la « volonté du monde » n'est pas concevable sans une réponse gratifiante venant de la réalité. Celle-ci attribue un pathos affirmatif dans la construction de la vie en impliquant une notion de vie conçue comme pure réception des empreintes des décharges affectives et comme transformation de leurs

---

[70] Ibid., p. 214.

effets en réflexes de la conscience, en stimuli d'une action individuelle et d'une interaction commune. Ce pathos d'empathie entre la nature externe et la nature interne s'exprime enfin, dans des jugements régulateurs portés sur l'agencement de la nature intérieure et extérieure.

La formule du roman de la « volonté du monde » dévoile une programmation organiciste des changements évolutionnels des consciences réactives, une dynamique des perceptions stimulantes et des orientations irréfléchies qui se manifestent dans les représentations projectives de leurs pensées, de leurs désirs, de leurs actes de volonté, et enfin, du comportement des personnages. Les résultats externes reflétés dans la conscience des décharges affectives se transfigurent en réflexes de conscience, dans ses modes de sensation de soi qui filtrent ses données pulsionnelles et qui sont mis en correspondance avec l'idéal moral commun. Car celui-ci est appréhendé comme la forme aliénée et objectivée de l'aperception d'elle-même et comme la forme accessible à la position de témoin du narrateur, qui observe un vaste champ de mouvements et de changements vitaux.

La position de l'auteur détermine immédiatement les horizons d'existence des personnages et du narrateur dans la perspective téléologique du processus historique comme globalité transcendantale. Celle-ci intègre toute direction de pensée, toute réaction impulsive, toute action et la conscience qu'ils en ont. En opérant un choix affectif et moral, elle vise à atteindre le bien suprême en tant que méta-représentation objectivée de l'harmonie préexistante entre les acteurs de l'histoire universelle dans l'activité qui les oriente vers ce but sublime, ainsi que dans leurs perceptions et dans leurs connaissances, aussi bien intellectuelles que comportementales.

Dans ce schématisme conceptuel auquel obéit le roman de la « volonté du monde » chez Tolstoï et dans l'autoréflexion de sa position auctoriale se profile déjà le programme idéologique chrétien consistant à transformer la vie à partir d'une imputation à toute conscience réactive des jugements acceptés aveuglément à propos des régulatifs de leur nature intérieure et de la nature extérieure. Ces jugements sont forgés en se contentant de refléter les effets filtrés des décharges de l'instinct moral dans l'intellect théorétisant.

Pourquoi la non-résistance au mal devient-elle une norme éthique et un concept fondateur de la doctrine religieuse et morale chez Tolstoï ? Tout simplement parce que la conscience réactive de l'auteur-idéologue identifie immédiatement les résultats de la réflexion des effets des décharges affectives au contenu moral de l'existence humaine. C'est dire que c'est en établissant un format inconditionnel transcendantal de corrélation du vouloir et de l'agir, et donc, en suivant, elle aussi, les exigences régulatrices de la nature morale, que la conscience des personnages ressent et agit de façon aussi irréfléchie que la conscience auctoriale littéraire de Tolstoï lui-même. Car la conscience autoriale de l'auteur forge, quant à elle, de son côté, l'horizon déterminant de ces effets dans la dynamique intérieure de leur vie psychique et dans la pragmatique extérieure de leurs émotions, de leur activité inconsciente et de leurs actes de volonté.

Celle-ci constitue aussi l'horizon du témoignage du narrateur, qui repère les influences multiples de l'inconscient historique sur les consciences réactives et stimulées des personnages dans leur tendance préconsciente à réaliser une harmonie préétablie dans sa dimension à la fois individuelle et collective entre le bonheur et le bien.

D'après Tolstoï[71], le Christ n'exige pas qu'on s'inflige des souffrances pour le seul plaisir de subir des souffrances, pour des privations impropres à la nature humaine. Les mots du Christ sur le conseil de tendre une autre joue à celui qui veut nous frapper, attendrissaient Tolstoï. Ils exprimaient pour lui une impression intensive inhérente à son sentiment intérieur de porteur de conscience réactive. Dans cette parole, Tolstoï ressentait le sens téléologique et l'exigence inconditionnelle de la nature morale, mais, tel Moïse face à la terre promise, il avait beau y pressentir une idée régulatrice, il savait qu'il ne pourrait pas la réaliser, car sa conscience était déjà dirigée par le bon sens, c'est-à-dire par l'effet objectivé d'une décharge de l'instinct moral qui se reflétait dans le projet intellectuel de l'homme des lettres recherchant la vérité morale de l'existence.

Tolstoï refuse de comprendre la souffrance comme étant l'essence de l'existence chrétienne, et cela, en raison du décalage constant entre le devoir et la facticité. La vie chez Tolstoï s'avère être la production d'états d'âme affectifs et irréfléchis, suivis par leur simple projection dans l'entendement réactif et dans la réflexion exercée sur les produits de cette projection. Le tout advient sous forme de syllogismes développés aveuglément par l'auto-régulation de la nature intérieure humaine qui impose ses impératifs de détermination de volonté et d'action éthique.

Au sein de cette vie, l'amour de Dieu advient comme exigence de se confier complètement à la volonté transcendante et à la souffrance en tant que seul et unique stimulus, en tant que moyen et but de l'existence qui, dans la prosopopée chrétienne, se trouve déjà neutralisé. Il ne peut plus servir d'orientation conceptuelle pour la pensée et le comportement humains. La vie est donnée ici pour

---

[71] Tolstoï L., *Ma religion*, (1884) (trad. L. Ouroussoff, 1885, - alias *Quelle est ma foi ?*), p. 311.

moi-même et pour tous les autres. Elle ne peut pas se convertir en une souffrance permanente. Cela n'est pas seulement une simple réduction du pathos religieux et moral du christianisme. On peut y voir aussi un nouveau dogme, cette fois à caractère presque protestant. Il consiste à conserver et à maintenir la vie d'une conscience réactive dans la sensation et l'aperception qu'elle a d'elle-même comme conscience finie.

Le testament de Tolstoï est le suivant : « ne résistez pas au mal, ne souffrez pas pour souffrir, mais, si néanmoins vous souffrez et si vous subissez le mal et les privations, ne dépensez pas votre temps à réagir vis-à-vis de la source de la nuisance qui vous est causée, et donc, vivez pour la vie elle-même. Vivez pour elle en la percevant comme réception constante et comme objectivation aliénante de l'influence qu'elle a sur vos mouvements psychiques spontanés. »

L'idéal du bien comme méta-représentation de motivations s'habilite à diriger une conscience réactive et à lui conseiller d'accomplir les modes requis du vouloir et de l'agir qui sont déjà filtrés et objectivés dans les principes transcendantaux de la volonté et de l'action à partir d'une observation évaluative de stimuli concurrents. Et le bien signifie pour Tolstoï le fondement absolutisé des orientations irréfléchies du rapport à soi d'un sujet de vie qui garantit sa survie par la façon qu'il a de préférer telle ou telle sensation de lui-même et d'aperception de lui-même.

Dans cette perspective littéraire et métaphysique, le mal n'a pas de véritable statut ontologique. Il est une non-essence, il constitue donc un manque dans l'instinct de survie d'un être assujetti à une force vitale. Le mal se manifeste comme un obstacle extérieur identifiable intérieurement par la conscience visant l'accroissement d'une force vitale. Elle appréhende cette forme comme la pulsion inconsciente aveugle qui l'oriente vers le bien suprême, vers une réalisation parfaite du devoir dans la facticité de l'être. Cette pulsion est présumée capable de sélectionner instinctivement par elle-même les formes de réactions à certains stimuli et de les objectiver dans les maximes qui règlent le comportement de façon inconditionnelle puisque la réflexion et l'évaluation morale de ces réactions sont mises de côté au préalable par la « *tabula rasa* » de l'expérimentation totale de la vie psychique et pratique de l'homme.

Ce temps expérimental forme l'objet d'un projet de volonté de puissance dans *Crime et châtiment* de Dostoïevski. Raskolnikov se crée comme motivation une représentation de la vérité et il la vit comme objet d'une conviction incarnée dans une maxime visant à régler le comportement individuel et collectif. On peut y repérer les moments principaux de la construction d'une conscience individuelle et du partage des valeurs qui déterminent pour Dostoïevski la naissance d'une race éclairée et des porteurs d'une conscience sublime comme résultats du processus global de transformation.

La conscience qui forge ce projet se produit à travers un affect intellectuel d'angoisse et de victimisation qui se surmonte lui-même lorsqu'elle reçoit une impulsion stimulante de la nature intérieure : cette impulsion lui donne la capacité de vivre pour une idée en mettant en parfaite cohérence le vécu et le pensable et en visant à établir une parfaite coïncidence entre le sens d'un affect et son épreuve sentimentale et intellectuelle.

La conscience de l'idéologue se constitue, quant à elle, à travers les intuitions qu'il se donne du présent et de l'avenir et où il se représente lui-même comme le porteur d'un processus d'expérimentation morale. Celle-ci enregistre son incertitude cruciale, née de l'abolition de toutes les conventions éthiques, et elle se détermine en en appelant à sa volonté de puissance : elle s'abandonne à un élan de sa puissance intérieure, mais se retrouve, en fin de parcours, en un état d'incertitude qu'elle surmonte en se forgeant une idée de la vie, en déroulant à son sujet une série de questions, puis, en se fiant à la seule intensité de ses désirs et à un jugement qui lui confirme qu'il était élu pour devenir l'être capable de révéler le but de l'histoire universelle. Rappelons-nous :

> « Au présent : l'inquiétude sans objet et sans but ; dans l'avenir : un sacrifice continuel par lequel rien n'était obtenu : voilà quel était son sort. Et qu'importait si dans huit ans, âgé alors de trente-deux ans seulement, il pourrait de nouveau commencer à vivre ! Pourquoi vivre ? Quels projets ferait-il ? Vers quoi tendrait-il ? Vivre pour exister ? Mais il avait été mille fois prêt, même auparavant, à donner son existence pour une idée, pour un espoir, pour une fantaisie même. La satisfaction d'exister ne lui suffisait donc pas ; il avait toujours voulu davantage. Il était possible que la seule intensité de ses désirs ait déjà suffi à ce qu'il se considère lui-même comme un homme auquel il est permis plus qu'à d'autres. »[72]

Le transfert mutuel de cette conscience se produit sous l'effet d'une décharge affective de l'instinct moral et initie le partage commun de son contenu. Il se produit à la faveur d'une inversion des stimuli : après la décharge d'affect ressentie par Sonia et Raskolnikov, ils vivent leur union sentimentale et intellectuelle en reconnaissant tout à coup qu'ils ne peuvent plus parler. Cette incapacité est vécue comme un effet de leur nature affective et morale qui leur a donné la capacité de connaître mystiquement l'unité sublime qui réunit les êtres spirituels à travers une forme transcendantale du sentir. Cette inexprimabilité est ressentie de part et d'autre comme le contenu même de leur affect sublime.

---

[72]Dostoïevski F. M., *Crime et Châtiment*. Trad. Victor Derély. Paris, Plon, (1884), 2009. Tome 2, p. 766.

Cette forme remplace la stimulation affective reçue comme mouvement naturel. Les deux partenaires se figent dans une prosopopée langagière qui engendre leur perception, leur pensée et leur agir à partir de ce simple événement où la stimulation affective d'union qu'ils ressentent, leur enlève toute possibilité d'exprimer un affect à chaque instant de leur existence. Ce mutisme contraint atteste à leurs yeux du caractère sublime de cet affect et ils en jouissent à partir de la simple sensation qu'il leur est impossible de transposer ce mystère affectif en discours.

C'est ainsi que le nom imprononçable du Dieu de parole se dévoilait dans les limites de son intégration dans l'expérimentation morale des êtres humains comme étant la forme intérieure de leur contexte langagier et qu'il provoquait une nouvelle décharge surpuissante d'affect d'amour dans la logique du changement évolutif de leurs affects :

> « Ils voulaient parler, mais ils ne le pouvaient pas. Les larmes inondaient leurs yeux. Ils étaient hâves tous les deux ; mais ces visages maladifs et pâles s'auréolaient déjà du renouveau futur, de la résurrection totale à une vie nouvelle. L'amour les avait ressuscités ; le cœur de l'un contenait des sources intarissables de vie pour l'autre. »[73]

L'effet de la décharge affective qu'ils vivent mutuellement se transforme ainsi en une image, en une prosopopée de l'action vitale. Il leur impose une règle de production de la vie basée sur la neutralisation de la capacité de juger des conditions objectives de l'existence. Cette neutralisation s'incarne dans la position d'une attente passive des impulsions stimulantes de la nature intérieure, mais elle se dessine aussi dans la possibilité de vivre pour autrui car cette unité affective produit la

---

[73]Ibid., p. 774.

remplaçabilité des êtres les uns par les autres puisqu'ils vont voir se reproduire les mêmes perceptions, les mêmes pensées et les mêmes actions dans toutes les circonstances de leur vie intramondaine :

> « Ils décidèrent d'attendre et de patienter. Ils en avaient encore pour sept ans ; en attendant cette échéance, ils allaient vivre encore d'insupportables souffrances et tant d'infini bonheur !
> Mais Raskolnikov était ressuscité et il le savait, il le sentait pleinement de tout son être renouvelé, tandis qu'elle ne vivait que de sa vie à lui ! »[74]

La décision de patienter se comprend comme un acte de la volonté, qui s'intègre dans l'évolution d'un génie post-romantique : elle suit leur identification préalable à leur être affectif, poursuivie à travers une multitude indéfinie d'impulsions primaires. Cette multitude d'impulsions primaires constitue le chaos originaire d'où surgit la révélation expérimentale des régulatifs de la nature morale.

Cette décision traduit en effet le mouvement autoréflexif de la conscience postromantique qu'elle intègre à sa recherche d'un affect toujours plus intense et dans son désir d'accumuler toujours plus d'énergie vitale. Elle parvient donc à jouir de la transfiguration affective et intellectuelle qu'elle opère d'elle-même sur elle-même en un génie postromantique. A chaque fois qu'elle se sent exposée au manque de liberté imposé par la prison, cette conscience va engendrer et refléter ce mouvement affectif.

Elle renforce ainsi, par le repli qu'elle effectue ainsi de sa volonté de puissance sur elle-même, sa capacité à jouir de ce sentiment gratifiant de bonheur et d'harmonie sublime avec le monde et avec les autres. Elle va même jusqu'à jouir de ce que cette volonté de puissance lui donne un accès immédiat à la vie d'une autre personne :

---

[74] Ibid., p. 774.

Sonechka, qui vit et vivra sa propre vie en faisant une sorte d'ascèse altruiste, en la vivant au profit de sa vie, de la vie où elle avait déjà décidé de vivre ascétiquement sa vie et d'y voir la seule posture adéquate qui lui permette d'accueillir tous les effets recevables du cours évolutif de la volonté mondiale.

On s'affecte soi-même et on affecte mutuellement autrui en s'affectant de sa propre intuition productive et en partageant sans la juger, de façon irréfléchie et intersubjective, cette limitation de soi et d'autrui qui mime l'ascèse absolue de la nature elle-même. Celle-ci ne se limite-t-elle pas elle-même constamment pour résoudre toutes les contradictions internes à son évolution grâce à cette force gratifiante que lui accorde le repli qu'elle effectue sur elle-même ? La volonté de puissance comme neutralisation de tout jugement d'objectivité se renforce ainsi d'autant plus que la conscience qui y renonce, ressent toujours plus l'accroissement de cette limitation ascétique d'elle-même et d'un autre et qu'elle s'en affecte elle-même tout en aliénant l'auto-affection par laquelle elle se comble dans un principe transcendantal inconscient, l'inconscient de notre nature régulatrice.

La conscience de cet acteur en évolution est une conscience béate, une conscience qui s'approprie toutes les possibilités de son développement en se contentant de les recevoir et de les refléter à l'intérieur de l'esprit en transformant tout le perceptible et tout le représentable en un but en soi. Il lui suffit de se réjouir de sa propre sublimation consciente dans les effets aliénés des formes intérieures des contextes vitaux pour remplacer la réalité objective. Cette sublimation de la conscience devient la seule réaction stimulante, la seule source auto-affective de la conscience pragmatique du génie postromantique. Comme le phénix, cette conscience prend et reprend la décision de patienter et de partager cette décision avec une autre et même avec toute autre à chaque fois qu'elle la ressent comme une décharge de son instinct moral. Elle canalise donc sans cesse ses perceptions stimulantes à sa façon, en les sublimant, et donc, en les rapportant à l'idée morale de son existence, qui inspire son aliénation objectivante dans les effets de cette décharge.

C'est ainsi qu'elle s'approprie la force d'effacer tous les contenus qu'elle vit et qu'elle ressent toutes les données affectives qui ne correspondent pas aux exigences du régime consommatoire de la conscience géniale. Elle produit l'oubli des souffrances de son passé à la façon elle se croit produire déjà ces souffrances elles-mêmes en devenant l'intuition originaire de l'être dans la conscience béate du génie postromantique, dans cette conscience qui ne réfère qu'à elle-même. La vie comme pure production du pensable et du perceptible qui se comprend elle-même s'impose comme la seule instance de cette conscience. Elle obéit au principe diltheyen de l'herméneutique : « seule la vie comprend la vie ». Elle parvient donc à remplacer la dialectique comme dynamique contradictoire du devenir et comme perception de cette dynamique : elle se rend en effet équivalente à une pure perception des stimuli qu'elle croit qu'elle produit et qu'elle consomme en se consommant elle-même au stade terminal de sa sublimation.

L'idée de l'existence chez Dostoïevski est donc formulée dans le cadre du roman exprimant la « volonté mondiale » comme l'union affective et consensuelle de chacun avec tous. Elle se trouve exprimée dans son *Journal d'écrivain* et dans les paroles idéologiques qu'il y profère sur le peuple russe. A ses yeux, ce peuple est élu pour porter la lumière divine de la foi orthodoxe en préparant le schème transcendantal de sa métamorphose et en forgeant le programme symbolique d'une organisation totémique post-démocratique dont on peut aujourd'hui observer les effets destructifs dans notre civilisation post-moderne.

C'est ainsi que la culture littéraire révèle son caractère idéologique comme programmation de l'esprit, d'un esprit qui ne peut agir qu'en se réglant sur le filtre des habitudes forgées par la parole prophétique d'un génie littéraire. Celui-ci n'a-t-il pas déjà engendré les modes voulus de perception, de pensée, de désir et d'action de tous, en ouvrant la perspective du mouvement inconscient par lequel l'ensemble des consciences marche déjà vers le but historique de l'humanité ?

L'enseignement moral et historiosophique de Dostoïevski se révèle dans son *Discours sur Pouchkine* [75]. Ce discours propose une sorte d'achèvement idéologique et pragmatique de son œuvre littéraire. Le grand écrivain s'y approprie sa propre tradition spirituelle à partir des découvertes providentielles du génie romantique russe. Il pense que Pouchkine se présente comme un « phénomène extraordinaire », comme une voix prophétique éclairant le chemin du développement national et historique. En tant que porteur des principes inimitables de la création, le poète-prophète serait celui qui nous révèle la typologie de notre nature morale et sociale et qui nous présente les unités vitales de stimuli et de réactions qui sont pénétrées par l'intuition intellectuelle du génie romantique.

Pouchkine en tant que prophète romantique reconnu à l'échelle nationale fonde les conditions de possibilité d'apparition de tous les autres talents littéraires capables de produire des motivations désirables de perception, de pensée et d'action par le langage. Pouchkine forge l'indépendance du génie russe en reflétant les données affectives de la nature pulsionnelle de l'être humain dans un jugement assumé de façon aveugle. Ce jugement se lit

---

[75] Dostoïevski F. M., *Journal d'un écrivain*. Trad. par J.-W. Bienstock et John-Antoine Nau, Paris, Charpentier, 1904. p. 593-604.

en effet comme l'effet généralisateur de l'action des affects sur le sentiment intime de chacun. C'est en interprétant ainsi le jugement interne comme sentiment que Pouchkine a pu pénétrer dans les articulations de l'âme universelle en entrant dans l'âme de tous les hommes, de toutes les cultures nationales.

Marqué par une réceptivité exceptionnelle, il a pu imiter le langage particulier de quelque culture nationale que ce soit en s'appropriant les modèles de réactivité, de production de désir, de pensée et d'interaction de chacune d'entre elles et en la mesurant par rapport à leur conformité à l'idéal global. Il l'a fait de façon aussi immédiate qu'il a pu reproduire des accentuations langagières des mondes culturels et vitaux du passé (en particulier celles de la culture coranique et de la culture égyptienne).

Mais comment Pouchkine incarne-t-il l'âme de tous les peuples ? Il y parvient en mimant tout simplement la prosopopée judéo-chrétienne comme source formatrice de toute réactivité humaine. Il la mime de manière à soumettre la production de tout phénomène vital à la production de la parole. Car pour lui, la production d'identité des sons émis et des sons entendus qui guide son inspiration poétique et unifiante, transforme la réalité objective en effets d'une réponse gratifiante : ceux de la voix de l'Unique. Cette voix métamorphose l'existence nationale russe et l'existence internationale de l'humanité dans le destin d'une conscience réactive qui n'est que pure perception des stimulations irréfléchies, qui ne sont audibles et recevables qu'à partir de l'action de la volonté historique de l'absolu et de l'écoute de sa voix.

Chapitre 8

Schelling et Proust : la sensibilisation de la raison et la vie de la conscience

Dans la série de cette expérimentation philosophique et littéraire de la nature régulatrice, on peut lire les relations de Schelling et de Proust de la façon suivante : Schelling et Proust sont les figures des « affinités électives » en tant qu'ils se présentent tous deux comme des formes d'articulation de la connaissance expérimentale de la nature humaine qui se fondent sur une condition synthétique *a priori*, celle de la contemplation ou de la conscience intime du temps.

On voit clairement comment la prosopopée littéraire chez Proust remplace l'existence objectivement vécue par les effets de sa transformation émanant de la mémoire involontaire, et donc, par cette sorte de nature indifférente qui s'est sensibilisée dans le sentiment intime de soi. Proust nous fait jouir du pur et simple fétichisme des moments ressuscités et de leurs effets reproductifs et imaginaires en remplaçant le temps de notre vie responsable par l'ensemble des données intuitives que s'approprie une conscience qui ne peut jamais mûrir. Il le fait à la façon dont l'idéalisme transcendantal allemand prétend depuis Kant[76] nous faire penser le temps comme

---

[76] Кант И. *Критика чистого разума* [Kant. *Critique de la raison pure*]. М., Мысль, 1994.

pure continuité. Mais il contemple ce temps comme la mise en séries continue des effets stabilisés de la nature pulsionnelle en substituant les formes de notre intuition sensible et intellectuelle à la réalité objective des phénomènes, à la réalité objective des principes moraux et en les soumettant tous deux aux règles de la consommation esthétique et d'un jugement purement réfléchissant.

Quand Goethe écrit les *Affinités électives* [77] en 1815, il veut de toute évidence prendre de la distance par rapport à la prosopopée sentimentaliste et romantique, c'est-à-dire par rapport au réactivisme irréfléchi des consciences réceptives dont il avait déjà découvert les fondements dans son *Werther*. Goethe y parodie la sensibilité sentimentaliste et romantique qui produit des liaisons inconscientes entre les appétits de consciences purement réactives, qui ne perçoivent le monde, ne pensent, ne désirent, et n'agissent qu'en ne se rendant pas compte de leurs motivations affectives. Celles-là sont loin d'être celles des « liaisons dangereuses » de Choderlos de Laclos mais elles sont déjà des actes voulus dans une expérimentation qui porte sur la nature régulatrice humaine.

La nature indifférente du sentimentalisme et du romantisme y est dévalorisée comme principe de changements gratuit d'affects et de réactions irréfléchies présentes dans le psychisme organique. Il la dévalorise dans la mesure où il fait entrer en scène une nouvelle prose du monde qui permet de faire advenir la poétique postromantique (celle de Pouchkine dans *Evguéniy Onéguine* ainsi que celle de Flaubert). Celle-ci vient limiter les égoïsmes du je sentimental ou romantique par l'action clandestine omniprésente de la nature non-

[77] Goethe J. W., *Affinités électives,* Lausanne, Ed. Rencontre, 1968, p. 567.

indifférente. C'est dire qu'elle vient réduire l'illusoire infinitude d'une conscience symbolisante par l'infinitude authentique des possibilités indéfinies d'expression et de développement de l'Absolu.

Dans un de ses questionnaires, Proust répond à la question posée par son héros préféré : Hamlet. On peut y déceler une clé conceptuelle de l'écriture proustienne comme recherche scientifiquement désintéressée et philosophiquement contemplative des enchaînements nécessaires des stimuli et des réactions dans le monde intérieur de l'homme. Il associe cette contemplation à leur réduction aveugle dont la force d'objectivation se trouve dans l'ego phénoménologique.

Le nominalisme d'Ockham et le scientisme de la Renaissance et de la modernité ont transféré directement les règles d'une connaissance expérimentale de la nature extérieure dans une connaissance expérimentale du monde intérieur de l'homme. La *Recherche* de Proust, elle aussi, est à la fois un programme et un accomplissement d'investigation qui portent sur notre nature régulatrice et qui rendent possible une approche de la vérité de l'expérience des subjectivités humaines. Car elle pense pouvoir synthétiser les représentations produites par les « attitudes naturelles » des consciences réactives et en abstraire les modes de fonctionnement des ontologies naturelles en les identifiant à des modes d'individuation négative du nihilisme européen.

C'est Shakespeare qui, entre autres, (se rappeler également Chaucer et Boccace) marque le commencement de l'époque expérimentale dans la culture littéraire de la Renaissance. Il l'investit comme étant le champ d'une connaissance émancipatrice et délibérée des régulatifs de la perception, de la pensée, du vouloir et de l'agir à partir de la reconstruction de leur pure et simple fixation objectivante dans les mouvements inconscients canalisés de notre nature pulsionnelle. Le fameux monologue[78] du prince Hamlet révèle les moments structuraux de l'expérimentation verbale (imaginative et réflexive) de l'homme dans un monde marqué par l'absence des causes divines productives : construit à sa propre image, l'homme se produit comme réflexion et comme volonté, abstraction faite du contexte vital et social de son existence objective. Nous pouvons en tirer les remarques suivantes :

1) Le dilemme initial (*to be or not to be*) traduit une abolition des conditions de l'être responsable et la naissance d'une conscience réflexive délibérée ;

2) le développement d'une mise en série intellectuelle des probabilités de l'existence (lutter contre, être en accord, s'humilier ou rêver) :

> Whether 'tis nobler in the mind to suffer
> The slings and arrows of outrageous fortune,
> Or to take arms against a sea of troubles,
> And by opposing end them? To die : to sleep ;
> No more [...].

3) La déchéance de la conscience dans une réflexion chronique, indéfinie par définition, qui se déroule à partir du seul fait de constater l'occurrence d'une pensée à l'intérieur de l'âme – ce qui permet de prolonger une métaphorisation ;

4) l'aperception expérimentale de l'effet de la réflexion sur la nature de la volonté en tant que blocage de toute volonté de puissance et immobilité de l'esprit agissant dans sa capacité d'agir :

> « Thus conscience does make cowards of us all » (« la conscience fait de nous des lâches »)

[78] Shakespeare, W., *Hamlet.* Livres de poche. 1978, p. 36.

5) le geste verbal d'une auto-possession, de mise en possession de soi réflexive et voulante (« *soft you now!* ») ;

6) l'engendrement d'un impératif qui reflète une prosopopée judaïque de la création du monde par la parole comme parole qui représente la cohérence absolue du voulu et de l'apparaître dans la phrase magique :

Nymph, in thy orisons
Be all my sins remember'd.

Le programme de cette connaissance expérimentale de la nature affective, réflexive et motivationnelle d'Hamlet réapparaît et se profile dans le parcours de Schelling et de Proust comme libération constamment renouvelée des effets de la réflexivité chronique et comme descellement des formes de possession de soi, qu'elles soient sensorielles, volontaires ou intellectuelles. Schelling aspire à produire le savoir absolu dans la construction idéal-réaliste de l'identité de la pensée et de l'être à la façon dont Proust tend à soumettre les attitudes naturelles des consciences réactives au sens probable de l'évolution du monde, dans un sens qui se reflète immédiatement dans l'intuition intellectuelle, c'est-à-dire dans la conscience critique du narrateur.

Le temps de la connaissance expérimentale dans la culture littéraire s'avère présenter un reflet de la dynamique de l'affectivité et de l'imagination productrice du sujet voulant. C'est pourquoi l'art conçu comme religion esthétique par Hegel[79] ouvre la voie à la sensibilisation de la raison, c'est-à-dire qu'elle prétend donner une forme d'expression à l'esprit, un esprit qui désire présenter aux sens les contenus de sa vie intérieure

[79] Hegel, G. W. F., *La phénoménologie de l'esprit*, trad, P.-J. Labarrière, Paris, Gallimard, 1991. p. 642 sv.

dans la pragmatique d'un scénario ainsi que dans l'horizon de la coexistence des consciences, et donc, dans la dynamique temporelle et spatiale de l'art verbal. Le temps de la connaissance expérimentale dans la littérature vise à dévoiler les relations compliquées d'un auteur, d'un narrateur et des personnages dans leur réception des perceptions stimulantes qui constituent les changements du devenir du sens.

Dès que la visualisation des résultats de l'expérience dans la poétique des Lumières perd de sa valeur et que le temps homogène des tableaux argumentatifs se brise pour entrouvrir les écarts de la temporalité authentique, le temps mécanique d'un enfilement des tableaux se dissout dans le temps de l'écriture sentimentaliste qui cherche ainsi à atteindre le statut d'une différence irréductible. Chez Flaubert, ce temps s'identifie dans la culture littéraire européenne à une forme de développement inconscient de l'Absolu qui peut finir par se transformer chez Zola en un mode d'existence, le mode de vie de l'instinct-vers-la-mort dans la prose naturaliste.

La formule d'Anatole France est de relever la prose physiologique du monde par les accents ironiques et les moments de la réflexion qu'il y insère. La méthode de Proust, quant à elle, consiste à se distancier des réflexes réactifs perceptifs, réflexifs, motivationnels en réduisant les attitudes naturelles des consciences mimétiques à la vérité du monde, ce qui a pour conséquence de déclencher le temps d'une réflexion chronique de l'ego phénoménologique. Ce temps relance sans cesse l'esprit dans un travail intellectuel incessant. Le roman post-phénoménologique de Kundera et de Llosa prétendra ensuite sublimer ce caractère chronique de la réflexion en la rabaissant sur la bassesse instinctive des formes de vie et en l'accompagnant d'une ironie autoréférentielle.

L'écriture post-moderne cherche à sortir de ce cercle vicieux par l'autocritique dans le temps, dans un temps où l'on détruit tout langage idéologique, ce qui fait émerger l'idée de replier sur lui-même le temps du langage idéologique pour montrer ses limites ainsi que les limites de toute vision critique des idéologies. Il devient alors possible de contester inlassablement tout métadiscours sur une multiplicité de projections idéologiques comme s'il s'agissait de tentatives inadéquates, entreprises pour combler le vide initial de l'existence humaine condamnée à vivre une époque post-humaine.

Pour mieux comprendre le parcours proustien, on peut restaurer la dynamique du temps expérimental depuis le classicisme comme condition de la connaissance et de l'existence dans la culture littéraire. Le temps dans la culture littéraire au siècle classique (chez Corneille et Racine) s'avère une condition du développement de la nature affective de l'homme et de sa connaissance. La durée classiciste se veut une continuité dans la transformation des suites répétables des décharges pulsionnelles des agents (la haine, la révolte, le sentiment du devoir, le désir illégitime) dans des inclinations comportementales qui s'objectivent à leur tour dans l'attention que leur accorde un entendement réfléchissant et passif.

Les inclinations irréfléchies se stabilisent donc dans des motivations objectivées, dans des maximes du vouloir humain du seul fait qu'on y reflète les orientations aveugles à l'intérieur de l'esprit même dès lors qu'on prétend faire partager les produits de cette simple réflexion par les autres. C'est pourquoi la durée classiciste tend à proposer également une forme d'accomplissement aux modalités les plus puissantes de maîtrise de soi et à parachever ainsi les résultats aliénés de cette maîtrise qui s'incarne dans la figure du souverain et de ses dictats moraux, politiques et sociaux.

C'est le Grand siècle qui ouvre les préconditions d'une connaissance expérimentale de la nature humaine à l'époque des Lumières. C'est pourquoi le temps dans l'écriture littéraire des Lumières s'avère développer une forme d'enfilement des actes d'une recherche des régulatifs de notre nature pulsionnelle où il n'est plus évident de formuler les inclinations de notre sensibilité à partir de leur simple occurrence dans notre âme.

C'est aussi une durée de transformation des actes d'investigation en une composition de tableaux argumentatifs : dans les « *Bijoux indiscrets* »[80] de Diderot, dans les « *Contes philosophiques* »[81] de Voltaire, les romans de Sade. Leur schématisme équivaut, on l'a vu, à proposer un monde où coexistent des libres argumentateurs qui travaillent sur des principes qu'on peut dégager expérimentalement de l'organisation du monde extérieur et intérieur. Le temps des Lumières voudrait ouvrir une durée d'application où l'on puisse transférer les règles de connaissance expérimentale du monde extérieur dans l'analyse des motivations de la nature intérieure de l'homme. Il désire en outre ouvrir la durée du dévoilement d'un argument plus fort : celui que la nature créatrice exploite elle-même en visualisant les effets de la nature externe sur la conscience réactive humaine. Elle entend ainsi lui faire partager les résultats de cette visualisation. L'exemple le plus patent de cette tentative est bien entendu à trouver dans les réflexions sur le fameux tremblement de terre à Lisbonne de 1755, tel qu'il a été relaté par le *Candide* de Voltaire).

Avec le surgissement du sentimentalisme, se complique le temps d'une connaissance expérimentale de la réalité

---

[80] Diderot D., *Bijoux indiscrets,* Gallimard, 1981.
[81] Voltaire, *Contes philosophiques*. Paris, Nelson, 1936.

phénoménale, perceptive et réflexive à l'époque des Lumières, particulièrement dans les *Rêveries d'un promeneur solitaire* [82] de Rousseau.

Car il lui faut refouler le trauma d'indétermination généralisée auquel expose l'expérience scientifique du monde, incapable d'expliquer comment passer des descriptions des faits à la formulation des impératifs et des interdits concernant la nature humaine. C'est ainsi qu'on transforme l'expérimentation totale de l'être humain en expérimentation, en la description d'une simple réception des effets des décharges affectives et en la transfiguration de ces effets. Cette transfiguration advient dans des faits d'émergence consciente de la pure et simple imagination où l'on s'habilite à produire les régulatifs de la perception, de la pensée, du vouloir et de l'agir du seul fait qu'on en reflète les données intuitives dans l'imagination productrice. On ose vouloir remplacer la réalité par un vécu imaginaire, c'est-à-dire par l'image de soi qu'on projette dans le sentiment réfléchissant qu'on a de soi.

Cette imagination sentimentaliste trouve ses limites dans la poétique du romantisme et parvient à y évoluer dans la découverte d'une sorte de force symbolisante. Le temps chez les romantiques déroule toute une durée de symbolisation de l'esprit, d'un esprit qui objective sa propre dynamique affective comme loi de création de sa propre existence. Il constitue donc une forme de passage de la vertu abstraite de la conscience sublime du génie romantique aux prises avec une conscience du mal intériorisé (le mépris envers le monde, l'orgueil) vers son épanouissement dans un ersatz de libération spirituelle, dans une sorte d'appropriation de l'idéal moral.

Celle-ci se produit par l'inversion d'un stimulus en une réaction qu'il se contente de consommer comme

---

[82] Rousseau, J.-J., *Rêveries d'un promeneur solitaire,* Paris, Livres de poche, 2001.

jouissance finale anticipée d'une liberté absolue. Elle y accède dans un effort de décharge émotionnelle intense : dans l'expérience de la décharge émotionnelle que procurent les larmes, dans le regard larmoyant et dans l'abandon aux effets contemplatifs de ce regard. Le temps romantique se réalise en produisant un jugement réfléchissant sur le destin de la conscience sublime car cette dernière accède à sa propre résurrection dans l'esprit prophétique : chez un revenant qui ira jusqu'à dicter à toute conscience réceptive les conditions de son propre devenir affectif et réflexif.

Le temps postromantique s'avère être une condition de possibilité pour limiter l'ego-perspective de la conscience sublime et la transformer en un acteur concret du théâtre du monde. C'est ainsi qu'on accède à un temps qu'on vit comme forme d'association stabilisante et objectivante de multiples perceptions : on passe à une durée de typologisation morale et sociale où l'analyse de l'existence humaine vise à faire apparaître les habitudes perceptives, réflexives, motivationnelles et comportementales dictées par un certain type de réaction morale et sociale aussi bien chez Balzac que chez Gogol.

Le grand roman classique de la volonté universelle du XIXème siècle de Tolstoï, Dostoïevski, Gontcharov et Tourguénev dépasse les frontières closes de la typologie sociale en démontrant que la durée humaine s'inscrit dans un ample mouvement, le mouvement de l'évolution universelle vers un but sublime sur lequel débouche le processus de l'histoire de toute l'humanité. Le temps chez les grands génies du roman épique et philosophique du XIXème siècle, est une forme intuitive conditionnant la transformation des effets des décharges affectives en des réflexes de conscience et des orientations irréfléchies de l'entendement et de la volonté qui s'aliènent dans des jugements réfléchissants et dans des idées régulatrices de l'existence humaine.

C'est ainsi qu'on peut refléter, assumer et imputer à toute conscience réactive des convictions objectivées à l'intérieur de l'esprit à partir de l'expérimentation totale de la nature pulsionnelle et réflexive de l'être humain, d'une nature qui s'assume et se déploie dans la poétique romanesque. Le temps s'impose comme une forme de devenir inconscient des orientations conscientes. C'est la raison pour laquelle Anna Karénine, dans son appréciation des valeurs nihilistes du monde, assume une volonté de non-vouloir : « Tout est mal, tout est mensonge, tout est tromperie »[83]. Lévine, quant à lui, formule le temps comme rapport à la forme transcendantale du sentiment de soi où il prétend savoir pouvoir donner le sens du bien à tout moment de sa vie.[84]

Après l'apocalypse de la Première Guerre mondiale, où l'humanité s'est laissée guidée par les formes les plus archaïques de résolution des conflits, toutes les perspectives optimistes du développement du monde vers l'unité du bien, de la beauté et de la vérité se trouvent dévaluées parce qu'elles se convertissent directement en des ontologies naturelles et en des projections idéologiques qui sont, par définition, inadéquates au sens initial de l'existence vécue.

C'est ainsi qu'on voit naître le roman phénoménologique chez Proust, Kafka et Gorki comme une recherche du « temps perdu », c'est-à-dire comme une réduction infinie des attitudes naturelles comme modalités de réflexion mimétique de la pensée et du comportement réflexe dont la violence irréfléchie, omniprésente avait envahi le monde et à travers lui, toute la réalité humaine.

---

[83] Tolstoï L., *Anna Karénine,* Ebooks libres et gratuits. 2006, p. 520.
[84] Ibid., p. 590.

Le temps chez Proust[85] et Gorki[86] développe une forme d'individuation et d'intériorisation infinie de la conscience intellectuelle et critique qui tend à réduire ses propres actes intentionnels, c'est-à-dire les effets de ses réflexes producteurs en une pure et simple contemplation de la mutabilité temporelle des choses du monde. S'élabore ainsi un schéma sensibilisé de l'existence humaine, abstraction faite des contenus objectivement vécus dans certains moments de la vie. Le temps phénoménologique se veut une pure durée de l'action, la forme de la capacité qui s'attribue le pouvoir de s'abstraire du caractère de flexibilité imprévisible des états du monde vital, sensoriel, réflexif et culturel. C'est ainsi qu'il se rend apte à transformer le produit imaginé et réfléchi de cette abstraction dans le seul et unique objet de sa jouissance spirituelle d'auteur romanesque.

Cette arrogance réductionniste de l'ego transcendantal dans le roman phénoménologique vit sa propre destitution dans le roman post-phénoménologique, celui de Vladimir Sorokine, de Mo Yan ou encore, celui du roman post-moderne. Nous y faisons face à la synthèse d'une gravitation de l'intrigue autour de l'auto-ironie auctoriale qui atteste de sa propre impartialité dans le monde postapocalyptique : elle le fait en se contentant d'affirmer le temps magique du retour éternel du même, et elle se définit elle-même comme expression de la sublimité du rapport à soi de la force créatrice.

Dans le contexte d'une projection des réflexes philologiques focalisés sur leur biographie, il faut savoir rendre justice à Proust dont l'œuvre ne se laisse pas réduire à une pure et simple réminiscence fétichiste des moments vécus qu'il ressuscite, ni à la reviviscence de

---

[85] Proust M., *A la recherche du temps perdu.* Paris, Gallimard, 1981.
[86] Gorki, M.., *La vie de Klim Sanguine.* Paris, Les éditeurs français réunis, 1949.

leurs conséquences produites par une conscience réceptive et imaginative qui les projetterait dans l'ensemble de leurs images stabilisées et objectivées de nature pulsionnelle. Proust n'est pas l'écrivain de la « madeleine », mais de la conscience qui accueille une perception qui se stimule elle-même à partir du terme de « madeleine » pour se déployer ensuite dans une véritable ontologie de la vie.

Cela apparaît davantage si l'on compare la conception qu'il en a avec celle de Schelling. Celui-ci, dans sa démarche conceptuelle, prétend construire le développement de la raison à travers la sensibilisation de la cause transcendante du monde ou à partir d'une sensibilisation spécifique de l'identité absolue. Cette dernière trouve son achèvement parfait dans une forme esthétique, dans une production artistique qui résoudrait la contradiction du réel et de l'idéal en transformant la perception d'un stimulus cognitif et réflexif en une seule et unique action consommatoire de la conscience transcendantale. Cette conscience s'apaise dans la vision à laquelle elle accède : dans la vision d'une constitution de soi aliénée puisque cette aliénation n'existe qu'en étant équivalente à l'objectivation de son propre mouvement.

Chez Proust, le schéma schellingien se voit complètement repensé. Il l'est dans une perspective plutôt phénoménologique où la vie de la conscience réactive et transfigure elle-même toutes les perceptions stimulantes, tous les effets d'impulsions intérieures et extérieures dans les reflets de la conscience qu'elle en a et dans les jugements qu'elle porte aveuglément sur la prose du monde. Il offre donc à la contemplation et au jugement réfléchissant ces fameuses « lois psychologiques » adoptées comme régulatifs d'existence dans des attitudes naturelles qui sont vouées à se réduire elles-mêmes tout au long du déploiement de la force critique de l'ego intentionnel dans sa remontée vers son pur temps eidétique et éidologique.

Comment le tournant phénoménologique a-t-il été possible dans la culture littéraire et dans la philosophie ? comment s'y produit-il alors que ces deux champs d'expérience sont en fait deux versants de l'expérimentation totale des principes d'organisation de la nature ?

Il surgit comme un effet de leur prétention à dépasser le nihilisme européen, c'est-à-dire comme le résultat réfléchi d'une dévaluation des ontologies naturelles à partir de la force convaincante de l'argument transcendantal et post-transcendantal qui la porte. La philosophie transcendantale se développe comme une entreprise de justification formelle de l'organisation de l'accord entre la nature extérieure et le monde interne de l'homme en remplaçant la réalité objective des choses par les produits des facultés de connaissance transcendantale. Elle la remplace par la contemplation, par l'imagination et par la recognition des phénomènes ainsi que par des produits aliénés de notre intuition intellectuelle, de notre auto-détermination et de notre réflexion en tant que celles-ci s'ajustent au jugement moral et au jugement qu'elle porte sur l'harmonie du monde et de l'homme (dans le jugement esthétique et dans le jugement téléologique).

Dans l'idéalisme allemand, on s'aperçoit qu'on produit une réalité connaissable des choses dès lors qu'on peut identifier des complexes reproductibles d'impressions plus intenses et isolées, abstraction faite des conditions objectives de leur réception. On s'oriente vers leurs essences (en produisant des synthèses de l'imagination productive) de façon aussi aveugle qu'on fait apparaître les orientations inconsciemment réfléchies de notre volonté et de notre agir en se contentant d'y aliéner les effets des décharges affectives. On objective ensuite les régulatifs éthiques à partir de la simple occurrence des influences des perceptions stimulantes sur la réflexion dans son propre for intérieur et dans sa propre volonté. On le fait en se contentant d'anticiper le principe d'une cohérence harmonieuse du sensible et de l'intelligible et de refléter ainsi, par cette anticipation, dans notre esprit les effets de notre prétention universelle à nous réjouir de la jouissance positive du beau, à nous réjouir de la jouissance négative du sublime dans notre pur et simple jugement réfléchissant ainsi qu'à nous réjouir du pressentiment que nous avons d'une raison architectonique dans le jugement téléologique qui les réunit depuis Kant.

C'est donc encore la mimésis de la prosopopée verbale du Dieu judaïque de parole qui fait apparaître chez Schelling l'idée de liberté humaine tout en donnant à percevoir la neutralisation du jugement moral qui s'opère dans le monothéisme. Car on n'a plus à juger des conditions objectives de notre choix éthique puisque la seule loi de notre vouloir et de notre agir est de pouvoir répondre à l'appel du Dieu de l'histoire universelle et de nous soumettre à lui comme à la source d'une articulation des mondes externes et internes. Car c'est à cette source qu'on anticipe des événements imprévisibles, mais révélateurs de cette parole divine ainsi que les mouvements irréfléchis qu'ils déclenchent en retour dans les consciences réactives.

La neutralisation du jugement moral travaille l'intérieur de la méthode transcendantale de Schelling, déployée dans *l'Essence de la liberté humaine*. Le bien et le mal y sont formellement identifiés aux simples effets d'une association ou d'une dissolution des forces spirituelles. En développant son geste constructiviste et transcendantal, Schelling neutralise le jugement moral de façon aussi aveugle que le narrateur proustien désintéressé observe la dynamique des positions naturelles affectives des consciences réactives en identifiant le mal à une simple déficience de l'esprit dans la sublimation des affects qu'il reçoit. Il s'agit donc alors, d'une simple déficience dans la maîtrise de soi tellement recherchée.

Il en va tout autrement de la position auctoriale de Proust qui, à travers la dynamique de témoignage du narrateur, s'autorise à s'abstenir phénoménologiquement de juger des régulatifs moraux.

Chez Schelling et Proust, le mal équivaut pourtant à une simple insuffisance de la maîtrise de soi parce que la méthode transcendantale consiste à y révéler les conditions de notre agir sans avoir à juger de son objectivité. C'est ce qu'on peut voir dans son usage du langage du désir physique, transparent dans les tentatives de Charlus de cacher son homosexualité par le biais de la couleur de sa cravate ou dans celles de Saint-Loup d'incarner son idéal de masculinité militaire dans son désir de représenter le « grand monde » chez Mme Villeparisis en recourant aux excès investis dans la vanité de ses toilettes.

Proust construit l'instance de l'ego transcendantal réducteur comme l'alibi absolu auquel on recourt dans l'existence, comme un point de vue désintéressé, un point de vue donateur du sens de la vie à la façon dont Schelling devait sauver l'idée d'un Dieu bon au risque de tomber dans un dualisme gnostique gratuit du bien et du mal : en remplaçant la question éthique par une question posée sur la source dialectique de notre liberté. Il le faisait en mettant en harmonie le fondement du Dieu qui est conçu comme nature indifférente[87] et l'acte initial de la pure volonté autarcique du Dieu judaïque de parole. La liberté

[87] Шеллинг Ф.В.Й. *Философские исследования о сущности человеческой свободы и связанных с нею предметах* [Schelling. *L'essence de la liberté humaine*] //Соч. в 2-х тт. Т.2. М., Мысль, 1989. p. 149.

humaine se trouvait ainsi inversée. Elle était réduite à la simple capacité de recevoir les stimulations irréfléchies venant de notre nature pulsionnelle. C'est pourquoi, chez Schelling, le bien et le mal s'avèrent n'être que les purs produits de la « magie divine »[88], c'est-à-dire des reflets d'une décharge impulsive. Ces effets sont recevables par une conscience réactive et par une volonté qui s'oriente à partir de la simple occurrence de leurs reflets dans le sentiment intérieur.

C'est ainsi qu'il retombe dans un réflexe transcendantaliste et dans un moralisme dialectique gratuits : le mal y devient une condition de possibilité de l'effectuation du bien, car sa propre expérimentation totale de notre nature régulatrice commence par l'abolition volontaire qu'il effectue des conditions précédentes de l'existence humaine et elle se développe dans une recherche des inclinations à l'action les plus pertinentes qui ont été auparavant aveuglément objectivées par l'entendement afin d'y reconnaître les maximes stabilisées de notre conduite.

L'écriture proustienne laisse proliférer des attitudes naturelles comme modes irréfléchis d'existence dans les consciences réceptives, réactives, imaginatives et réflexives. Le caractère fonctionnel des ontologies naturelles construites par les consciences réactives comme leurs modes d'individualisation est d'être inadéquates dans leur donation du sens initial du monde. Aussi celui-ci devient-il l'objet d'un témoignage distancié et implicite du narrateur ainsi que celui d'une observation intellectuelle, désintéressée de la scène du monde par l'auteur. Ce monde s'impose comme l'horizon de toute réception des perceptions stimulantes, de toute transformation intentionnelle des données intuitives, de tout réflexe comportemental inconscient et de toute réflexion sur la

---

[88] Ibid, p.152.

vérité de la réalité. Incontournable pour l'analyse du texte proustien, la distinction entre un auteur, un narrateur et un personnage est découverte par le phénoménologue russe Mikhaïl Bakhtin dans son ouvrage : *L'auteur et le héros dans l'activité esthétique*.[89]

L'Absolu schellingien se laisse individualiser à la façon dont le Dieu judaïque de parole s'individualise en se différenciant de tous les autres dieux par le simple geste qu'il effectue dans un acte initial de sa volonté de vouloir sans contraintes sa création et qu'il complète cet acte jusqu'à vouloir devenir lui-même un être fini. C'est ce qui permet à Schelling de voir dans cet acte un accomplissement de la volonté de vouloir[90], un accomplissement aussi aveugle que l'était celle-ci dans la projection anthropomorphique qu'elle opérait des désirs absolutisés et incarnés dans les figures des Dieux souverains du polythéisme.

Ceux-ci étaient prétendus harmoniser le monde social, moral et politique en donnant à des consciences réactives la capacité d'identifier immédiatement et automatiquement les fondements de leurs motivations aux sources transcendantes, immanentisées dans le monde d'en-haut par le mythe. Dans la « *Philosophie de la révélation* », l'individualisation du Dieu unique qui se fait homme trouve son expression suprême dans le renoncement conscient du Christ à la « μορφή θέου », et donc aussi, à la « forme divine » de toute-puissance.[91] Et cette individualisation, placée sous le régime de la vie de la

---

[89] Бахтин М. *Автор и герой в эстетической деятельности* [Bakhtin M. *L'auteur et le héros dans l'activité esthétique*»]/ /Бахтин М.М.Эстетика словесного творчества. М., Искусство, 1979,p. 7-162.

[90] Шеллинг Ф.В.Й. *Система мировых эпох* [Schelling. *Les âges du monde*]. Томск: «Водолей», 1999. p.207.

[91] Шеллинг Ф.В.Й. *Философия откровения* [Schelling. *La philosophie de la révélation*]. СПб., Наука, 2002.p.201

conscience donne à Proust la capacité de présenter les séries infinies d'une distanciation de la conscience du narrateur par rapport aux positions prises par des acteurs mondains dont il narre les passions, les actions et la vie.

Il exploite ainsi un horizon d'ouverture au monde anticipé par Schelling. Dans sa *Philosophie de l'art*[92], celui-ci rendait déjà possible de mettre au même niveau les prosopopées polythéistes et monothéistes. Dans les premières, l'Absolu se réalisait comme unité de l'infini et du fini dans une vision des causes stabilisées du vouloir et du comportement humains, et donc, dans des sources objectivées et aliénées des désirs, des motivations et des actions humaines. Celles-ci se validaient à partir d'une simple identification des orientations subjectives des mortels aux causes en soi objectives, et donc, à des effets d'action des divinités.

La prosopopée monothéiste se sensibilise, quant à elle, dans une dissolution du fini dans l'infini, non pas dans la plasticité de l'action omniprésente des Dieux souverains, mais dans le « monde moral » du christianisme, c'est-à-dire dans un processus interminable d'accomplissement du bien, conçu comme la réalisation continue de l'ensemble objectif des effets aliénés des mouvements intérieurs, et donc, de l'ensemble des inclinations aveugles imputables à toute conscience dans son rapprochement indéfini de l'objet consommatoire absolu : le salut.

Il est évident que Schelling y mimait le geste métaphysique platonicien qui consistait à guider les consciences réactives et à les orienter vers une recherche de la vérité comme simple effet de l'indifférence du pensable, de son essence et d'un acte de pensée. Celle-ci consistait également à les orienter vers le beau comme étant le reflet d'un effet harmonisant de cette indifférence

---

[92] Шеллинг Ф.В.Й.*Философия искусства* [Schelling. *Philosophie de l'art*]. Moscou, Мысль, 1999, p.144.

sensibilisée et vers le bien comme étant la forme objectivée d'une maîtrise et possession de soi, identifiée à l'idéal de l'amour sacrificiel ressenti par l'aristocratie militaire (voir le *Banquet*, 220e).

Schelling y mimait tous ces gestes platoniciens dans la mesure où ce geste métaphysique tendait à reformater de façon émancipatrice les fondements des sociétés polythéistes en anticipant la venue après elle, de l'action réductrice et unificatrice de la prosopopée monothéiste.

Les consciences réactives s'individualisent chez Proust en transformant les effets des décharges affectives de leur sentiment intime dans leur for intérieur en des réflexes perceptifs et comportementaux, puis, en les transformant en des orientations aveugles de la perception, de la pensée, du vouloir et de l'agir des uns et des autres de façon aussi irréfléchie que le narrateur parvient à réduire ces attitudes naturelles à une prose instinctive du monde du seul fait qu'il s'approprie lui-même une vision critique et désintéressée de la réalité humaine.

Il est clair que la méthode transcendantale employée par Schelling et Proust devient une opération de reconstruction de la réalité et des modalités de son appréhension. Le sens de cette reconstruction consiste chez Schelling et Proust à filtrer les données intuitives de la conscience en retenant les effets les plus intenses des décharges affectives, en les objectivant en réflexes de conscience, en habitudes de la pensée, en impulsions du vouloir et de l'agir, bref, en des orientations aveugles qui donnent tout le matériau qu'il faut pour révéler les règles objectivées du dynamisme de l'être humain dans son rapport au monde : c'est ainsi qu'il pense pouvoir se rendre capable de discerner les fameuses « lois psychologiques » de la nature humaine.

Chez Proust, l'ontologie naturelle est une construction aveugle opérée par une conscience symbolisante, et donc, un produit de la synthèse transcendantale de l'imagination productive. En faisant de la circulation à vide des ontologies naturelles (de la vie, de la littérature, de l'art, de la mondanité, etc.) l'objet de son analyse, Proust montre, par exemple, comment le narrateur passe (- même si cela ne se produit pas objectivement dans l'ordre successif de la narration -) de

(1) la perception stimulante d'un amour jaloux à l'égard d'Albertine à

(2) la réflexion chronique et indéfinie sur la vérité des causes de ses perceptions stimulantes, qui présupposent enfin

(3) une rupture de la série réflexive sur la perversité d'Albertine : celle-ci s'opère dans un acte de la volonté, un acte de ne pas vouloir.

Cette stratégie peut donc se lire comme une sécularisation de la dramaturgie schellingienne des dieux de la nature et du Dieu de l'action. Cette rupture proustienne reflète l'acte du non-vouloir propre à l'Absolu chez Schelling qui était encore aussi un acte de la volonté. Proust opère cette rupture en en faisant la clef du passage à une autre série de perceptions et de réflexions. Cette réflexion mène

(4) à une prise de conscience des mouvements refoulant les traumatismes de l'expérience d'amour, puis,

(5) à une prise de maîtrise de soi du narrateur immergé dans le devenir involontaire de sa volonté, là où il s'habilite à ne plus aimer Albertine. Et enfin, le narrateur, après

(6) sa mise en scène du jeu de dénégations et de controverses intentionnelles, finit par passer à

(7) une synthèse aveugle transcendantale.

C'est à ce niveau que le transcendantalisme de Schelling entre en scène en tant que tel dans la scénographie de Proust, parce que toute projection transcendantale ontologique y compris celle de Schelling devient pour Proust une position naturelle, et donc, un réflexe projectif de la conscience réactive. Elle aboutit donc, apparemment d'elle-même, à oser exprimer des généralisations sur la nature régulatrice de l'être humain et à formuler les « lois psychologiques » de la jalousie :

1)

Gilberte disait-elle cela pour me cacher qu'elle-même, selon ce qu'Albertine m'avait dit, aimait les femmes et avait fait à Albertine des propositions ? Ou bien (car les autres sont souvent plus renseignés sur notre vie que nous ne le croyons) savait-elle que j'avais aimé, que j'avais été jaloux d'Albertine et (les autres pouvant savoir plus de vérité que nous ne le croyons, mais l'étendre aussi trop loin et être dans l'erreur par des suppositions excessives, alors que nous les avions espérés être et demeurer dans l'erreur par l'absence de toute supposition) s'imaginait-elle que je l'étais encore et me mettait-elle sur les yeux, par bonté, ce bandeau qu'on a toujours tout prêt pour les jaloux ? [...] »[93]

2)

Albertine m'avait étonné en cela comme sur ce que m'avait dit Andrée, car pour toute cette petite bande, si j'avais d'abord cru, avant de la connaître, à sa perversité, je m'étais rendu compte de mes fausses suppositions, comme il arrive si souvent quand on trouve une honnête fille et presque ignorante des réalités de l'amour dans le milieu qu'on avait cru à tort le plus dépravé. [...] »[94]

3)

C'est ainsi qu'Albertine avait cherché à me plaire pour me décider à l'épouser, mais elle y avait renoncé elle-même à cause de mon caractère indécis et tracassier. C'était, en effet, sous cette forme trop simple que je jugeais mon aventure avec Albertine, maintenant que je ne voyais plus cette aventure que du dehors. Ce qui est curieux et ce sur quoi je ne puis m'étendre [...] »[95]

---

[93] Proust, M., *Le temps retrouvé,* Paris, Gallimard, 1927. p. 17 - 18.
[94] Ibid., p. 17-18.
[95] Ibid., p. 18.

4)

« Mon cœur, depuis que sa plaie se cicatrisait, commençait à ne plus adhérer à celui de mon amie ; je pouvais par l'imagination la déplacer, l'éloigner de moi sans souffrir. [...]»[96]

5)

« Seules ces modifications internes, bien que venues du dehors, renouvelaient pour moi le monde extérieur. Des portes de communication, depuis longtemps condamnées, se rouvraient dans mon cerveau. La vie de certaines villes, la gaîté de certaines promenades reprenaient en moi leur place. Frémissant tout entier autour de la corde vibrante, j'aurais sacrifié ma terne vie d'autrefois et ma vie à venir, passées à la gomme à effacer de l'habitude, pour cet état si particulier. [...]»[97]

6)

« Sans me sentir le moins du monde amoureux d'Albertine, sans faire figurer au nombre des plaisirs les moments que nous passions ensemble, j'étais resté préoccupé de l'emploi de son temps [...] »[98]

« D'Albertine, en revanche, je n'avais plus rien à apprendre. Chaque jour, elle me semblait moins jolie. Seul le désir qu'elle excitait chez les autres, quand, l'apprenant, je recommençais à souffrir et voulais la leur disputer, la hissait à mes yeux sur un haut pavois. [...] »[99]

7)

« D'ailleurs, la jalousie est de ces maladies intermittentes, dont la cause est capricieuse, impérative, toujours identique chez le même malade, parfois entièrement différente chez un autre. [...]»

« Tel consent à être trompé pourvu qu'on le lui dise, tel autre pourvu qu'on le lui cache, en quoi l'un n'est guère moins absurde que l'autre, puisque, si le second est plus véritablement trompé en ce qu'on lui dissimule la vérité, le premier réclame, en cette vérité, l'aliment, l'extension, le renouvellement de ses souffrances. Bien plus, ces deux manies inverses de la jalousie, vont souvent au-delà des paroles, qu'elles implorent ou qu'elles refusent des confidences. »[100]

---

[96] Ibid., p. 31.
[97] Ibid., p. 26-27.
[98] Ibid., p. 21.
[99] Ibid., p. 30.
[100] Ibid., p. 32-33.

Le passage du « je » au « nous », et donc, à une production d'inclusions d'une connaissance expérimentale constitue, pourrait-on dire, la routine du style proustien : le destin de l'ego réfléchissant ne peut pas ne pas produire des généralisations objectivantes à partir d'une simple extrapolation des reflets aliénés de ses propres décharges affectives. Cela s'étend à tout le champ des phénomènes expérimentés à la façon dont la conscience empirique réactive ne peut pas s'empêcher de recevoir des mouvements intérieurs de sa sensibilité du seul fait qu'ils parviennent à son sentiment subjectif intime.

Le narrateur proustien se crée ces séries perceptives, réflexives et intellectuelles basées sur la singularisation infinie de sa conscience. Celle-ci impute les effets de cette singularisation à toute conscience de lecteur à la façon dont le grand roman phénoménologique de Gorki : « *La vie de Klime Sanguine* » reproduit des schémas d'individualisation et d'intériorisation inhérents à la prosopopée du Dieu judaïque de parole. La réflexion chronique sur le sens probable du monde, venue de l'observation désintéressée des attitudes naturelles des consciences réactives et de l'appropriation des résultats intellectuels de cette observation, est conditionnée par une singularisation infinie de l'esprit. Celui-ci est vulnérable dans la production de sa propre différence à l'égard de toute autre conscience et par l'intériorisation incessante qu'il opère dans sa transformation incessante des perceptions stimulantes extérieures et intérieures en faits de sa propre conscience, et donc, en reflets objectivés de sa propre imagination productive.

Dans le début du quatrième volume du roman, Klim Sanguine veut commencer à écrire de la littérature, à écrire les portraits de gens qu'il connaît, puis, il transforme son désir d'écriture, le désir de devenir le porteur d'une observation désintéressée des traits de singularisation de chacun, à la façon du narrateur proustien.

Celui-ci commence à écrire avant la construction du chef d'œuvre attendu en se singularisant comme un esprit libre qui a une intention critique à l'égard de toute production littéraire, qu'elle le précède ou qu'elle soit présente. L'un des buts de cette singularisation de sa conscience est de dépasser l'ontologie du temps comme condition de possibilité de toute ontologie possible. Il est de découvrir l'ontologie du temps que le narrateur proustien crée à la fin du *Temps retrouvé* comme un simple reflet du changement gratuit qui se produit dans les états du monde et du « moi ».

Il est enfin de découvrir le temps comme une « place » imaginaire où tous les objets, tous les sujets et toutes les situations vécues sont présentes au narrateur de façon à nous faire voir le temps pur de l'ego transcendantal exposé ainsi à sa propre finitude.

Chapitre 9

Le roman phénoménologique de Marguerite Duras

1. L'œuvre de Marguerite Duras et la tradition

La poétique de Marguerite Duras présuppose la tradition littéraire européenne qui s'avère être une expérimentation par l'homme des régulatifs de son existence menée à partir de ses données affectives. L'imagination sentimentaliste trouve ses limites dans la poétique du romantisme pour évoluer ensuite en s'appuyant sur une sorte de force symbolisante.

Le temps chez les romantiques exprime la durée d'une symbolisation de l'esprit qui objective sa propre dynamique affective comme loi de sa propre existence. Il est donc une forme de passage de la vertu abstraite de la conscience sublime du génie romantique à une prise de conscience du mal intériorisé (le mépris envers le monde, l'orgueil) et à sa libération-ersatz. Celle-ci s'avère être une libération spirituelle dans l'appropriation de l'idéal, qui est produite par une inversion d'un stimulus et d'une réaction, dans un effort de décharge émotionnelle (les larmes, le regard à larmes) et de ses effets contemplatifs.

Le temps romantique se réalise également dans une forme de production du jugement sur le destin de la conscience sublime qui accède à sa propre résurrection dans l'esprit prophétique, dans un revenant qui va dicter à toute conscience réceptive les conditions de son devenir affectif et réflexif.

Le temps post-romantique, quant à lui, se présente comme une condition de possibilité de limitation de l'égo-perspective de la conscience sublime et la transformer en l'agent concrétisé d'un théâtre mondain. C'est ainsi qu'on passe au temps comme forme d'association stabilisante et objectivante de multiples perceptions, c'est-à-dire à une durée de typologisation morale et sociale où l'analyse de l'existence humaine vise à faire apparaître les habitudes perceptives, réflexives, motivationnelles et comportementales dictées par un certain type de réaction morale et sociale (Balzac, Gogol).

Le grand roman classique de la volonté universelle du XIXème siècle (Tolstoï, Dostoïévski, Gontcharov, Tourguéniev) dépasse les frontières closes de la typologie sociale en montrant que la durée humaine se révèle constituer un mouvement évolutionel vers le but sublime du processus historique de toute l'humanité. Le temps chez les grands génies du roman épique et philosophique du XIXème siècle est une forme intuitive conditionnant la transformation des effets des décharges affectives dans des réflexes de conscience et des orientations irréfléchies de l'entendement et de la volonté qui s'aliènent dans des jugements réfléchissants et des idées régulatrices de l'existence humaine.

C'est ainsi qu'on peut refléter, assumer et imputer à toute conscience réactive des convictions objectivées à l'intérieur de l'esprit à partir de l'expérimentation totale de la nature pulsionnelle et réflexive de l'être humain qui est déployée dans la poétique romanesque. Le temps s'impose comme la forme du devenir inconscient des orientations conscientes. C'est pourquoi Anna Karénine, dans son appréciation des valeurs nihilistes du monde, assume une volonté de non-vouloir : « Tout est mal, tout est mensonge, tout est tromperie ». C'est pourquoi aussi Lévine formule le temps comme rapport à une forme transcendantale d'une sensation de soi où il prétend savoir pouvoir donner un sens du bien à tout moment de sa vie.

Apres l'apocalypse de la Première Guerre mondiale, où l'humanité s'est laissée guider par des formes plus archaïques de résolution des conflits, toutes les perspectives optimistes du développement du monde vers l'unité du bien, de la beauté et de la vérité se trouvent dévaluées parce qu'elles se convertissent directement en des ontologies naturelles et des projections idéologiques qui sont par définition inadéquates au sens initial de l'existence vécue.

C'est ainsi qu'on voit naître le roman phénoménologique (Proust, Kafka, Gorki) comme une recherche du « temps perdu », c'est-à-dire comme une réduction infinie des attitudes naturelles, c'est-à-dire des modes réflecteurs et mimétiques de la pensée et du comportement réactivistes dont la violence irréfléchie omniprésente avait envahi et envahi la réalité humaine. Le temps chez Proust et Gorki est une forme d'individuation et d'intériorisation infinies de la conscience intellectuelle et critique qui tend à réduire ses propres actes intentionnels, c'est-à-dire des effets de ses réflexes producteurs en une simple contemplation de la changeabilité temporelle des choses du monde : il y devient un pur et simple schéma sensibilisé, abstraction faite des contenus objectivement vécus propres à certains moments de la vie.

Le temps phénoménologique, quant à lui, se veut une pure durée émanant de l'action d'abstraire le caractère de flexibilité imprévisible des états du monde vital, sensoriel, réflexif et culturel et de transformer ainsi le produit imaginé et réfléchi de cette abstraction en un seul et unique objet de la jouissance spirituelle auctoriale.

2. La position auctoriale et la réduction phénoménologique de Duras

Dans cette perspective, l'œuvre littéraire de Duras est une forme d'individualisation et d'intériorisation infinies de la conscience intellectuelle et critique qui tend à réduire ses propres actes intentionnels, c'est-à-dire les effets de réflexes productifs en une simple contemplation de la modifiabilité temporelle des choses du monde. La position phénoménologique de Duras transfère le caractère de souplesse imprévue des états du monde vital, sensoriel, réflexif et culturel en transformant le produit réfléchi et imaginé de cette abstraction en seul et unique objet du plaisir spirituel d'auteur.

Dans l'écriture phénoménologique de M. Duras, nous faisons face à cette position auctoriale qui affiche différents stades d'apparition d'une passion (dans *Moderato cantabile*), différents visages de l'objet intentionnel comme « Hiroshima » dans *Hiroshima mon amour*, comme le souvenir d'une vie (dans *L'amant*) ou encore comme le monde laissé par les Dieux (dans *India Song*). C'est pourquoi les plans installés dans un système de son par la voix auctoriale de son film ont tendance à se transformer dans l'horizon sensibilisé par le développement de la pensée.

Dans sa pensée critique, Duras tente de purifier, par sa réduction phénoménologique, le sens des motivations des êtres humains, lorsque cela a trait, par exemple, à sa thèse sur l'homosexualité de tous les hommes. C'est à ce titre que l'expérience de Duras nous semble nécessaire pour comprendre la culture moderne et postmoderne.

3. La circulation des attitudes naturelles en tant qu'objet intentionnel

La méthode phénoménologique de Duras nous ouvre le monde des relations intersubjectives comme circulation ininterrompue des attitudes naturelles, et donc, des automatismes perceptifs, réflexifs et comportementaux censés donner à l'être humain l'accès à des gratifications désirables. Cette circulation a déjà été indiquée à propos de Proust ou de Kafka car le tableau exhaustif du nihilisme européen était tel qu'on ne pouvait en sortir que sur la base d'une pause de la réflexion ou d'un effort de volonté. Duras se contente de nous brosser le monde humain comme étant l'ensemble de tous les effets de nos désirs et de leurs résultats ambigus vitaux et sociaux. Dans *L'amant*, les attitudes naturelles s'incarnent dans les positions affectives prises par les personnages : un amour maternel envers le fils aîné, un maximalisme violent de la part de celui-ci, le désir hétéro- et homosexuel de l'héroïne.

Le *Vice-consul* semble explorer pour nous toutes les voies empruntées par les attitudes naturelles en commençant par celle d'une vagabonde assumant une impulsion de l'inconscient maternel qui enlève tout plaisir vital au plus-de-jouir de sa mendicité. Si Charles Rosset se jette dans une réflexion chronique sur son amour envers Anne-Marie Stretter, rien ne l'empêche de continuer à le faire. Si Jean-Marc de N. souffre d'une attaque de peur d'une maladie mortelle, il va l'amener à ressentir les mêmes effets dans l'avenir, qui est une forme de l'éternel retour du même. Si la foule produit toujours des rumeurs en créant une atmosphère de dévalorisation anonyme des valeurs, elle ne peut cesser d'insister pour le faire. Si Anne-Marie Stretter représente une nature indifférente, elle aura tendance à se conformer à son rôle. Si Morgan suit aveuglément une impulsion pour se perdre dans l'imaginaire, il finira par devenir une parodie d'écrivain.

Duras tente ainsi de nous montrer les effets de l'action omniprésente des réflexes psychologiquement et socialement adaptés par les personnages afin que la critique qu'ils émettent eux-mêmes sur eux ne paraisse pas suffisante en elle-même. Elle veut réduire à la prose du monde la position de son narrateur qui prétend évaluer toute bassesse du monde en se faisant une image éloquente des réactions irréfléchies des personnages souhaitant obtenir les gratifications attendues de la vie comme si la position du narrateur était intemporelle.

Mais le temps pur, tout en étant la véritable source d'imagination de Duras, n'appartient qu'à la sphère éidologique de l'Ego transcendantal qui remarque les effets significatifs des réflexes humains sans découvrir pour autant le sens positif probable du développement du monde. Dans la position phénoménologique de Duras règne l'*épochè* comme abstention de tout jugement de vérité qui garantirait la possibilité de faire l'expérience de la vérité.

C'est pourquoi elle complique les techniques poétiques en introduisant un modèle de scénario cinématographique dans l'écriture romanesque (*L'Amant de la Chine du nord*) lorsque le regard du narrateur nous semble se voir lui-même, qu'il se replie sur lui-même en produisant un effet d'éloignement, un effet de sa propre surveillance. Et cet effet se traduit par la position auctoriale phénoménologique qui indique une ouverture radicale du sens et de la signification.

4. La position auctoriale et la déconstruction de l'art verbal

La position phénoménologique de l'auteure nous conduit à l'expression de la déconstruction de l'art verbal qu'est la littérature. L'art phénoménologique devient une critique interminable sur la possibilité de l'art comme mimésis de la nature régulatrice. Dans l'art classique, la mimésis de la nature régulatrice a été faite en imposant des types d'existence sociale et psychique à partir des synthèses cognitives aveugles de la représentation métaphysique.

En s'éloignant de la représentation du réel, il est nécessaire que Duras passe à la vie de la conscience réflexive dont tous les produits sont censés remplacer la réalité vécue. C'est pourquoi sous la forme d'une histoire criminelle dans *Dix heures et demie du soir en été*, Duras déconstruit les réflexes de la conscience réactive dans la situation d'un amour dissimulé et d'une naissance de la volonté à volonté chez l'héroïne qui prétend se faire aimer de ses deux amants - son mari et son ami. Duras conduit à une oscillation entre l'imaginaire et l'expérience réelle lorsque la réflexion intérieure et l'imagination productive de l'héroïne sont seules autorisées à nous traduire une intensité du monde vécu en transformant des personnages dits réels dans les spectres de son imagination. La véritable racine de cette imagination littéraire est une tentative de transformer le trauma de la perte en une sorte de jouissance.

Déjà dans *La douleur*, Duras marquait l'origine phénoménologique de son œuvre en introduisant un motif de singularisation de la mémoire du narrateur qui ne permet pas de voir cette histoire comme une histoire parmi d'autres sur la France en guerre, mais de la lire sous la forme d'un journal trouvé pour y déceler une critique des réflexes de la conscience réactive en attente d'une réponse gratifiante. Celle-ci nous apparaît comme une expression de la littérature par excellence. Le trauma initial d'une perte possible d'un être aimé sous le régime nazi finit par produire un réflexe d'une peur du présent dans les conditions de la soi-disant liberté. Dans *La douleur*, on peut voir un résumé de l'évaluation par Duras de l'état de la civilisation humaine d'après-guerre. L'instinct d'agressivité continue à y travailler l'esprit humain à travers le reflet qui en émane et se réalise dans l'affect de peur.

Dans *Le ravissement de Lol V. Stein*, on voit le développement qu'opère la pensée phénoménologique de Duras sur les fondements culturels de la modernité et peut-être de la postmodernité, sur le pouvoir féminin ou maternel une fois que le dieu partiarcal, honoré jadis comme source des valeurs suprêmes a abandonné le monde. Comme dans *L'amant* déjà, le monde du dieu-père s'avérait disparu et l'on pouvait repérer toutes les conséquences « pathologiques » qui en suivent. Lol Valéry Stein représente ici en effet une neutralisation du désir dans le sujet. Elle n'arrive pas à se faire être un sujet du désir parce qu'elle ne se voit pas elle-même dans le domaine de désir qui lui serait approprié. Elle ne peut pas faire que son désir se replie sur lui-même et lui permette de s'identifier à une figure de sujet. C'est ici que se trouve la source de sa folie.

Dans la genèse psychanalytique elle remplit le rôle d'hystérique qui, aux dires de Lacan, est toujours déjà au courant de la castration initiale du père. Son hystérie se produit et se rapproche d'accents schopenhauériens et aborde le stade de la volonté de non-vouloir et d'une autolimitation de l'égoïsme. C'est pourquoi elle sourit en regardant partir Mickle Richardson avec Anne-Marie Stretter. C'est pourquoi elle se rapproche de l'hôtel où se rencontrent Jacques Hold et Tatiana. Mais elle organise pour cela un certain complot en s'aidant d'autre figure conceptuelle, celle de Tatiana qui est une modulation de l'appropriation du désir dans une circulation de la jouissance menant toujours à une seule forme de vie, celle du ménage à trois. Tel est ce qui nous resterait de l'émancipation entreprise par la modernité à l'égard du modèle judéo-chrétien de la famille et du partage entre le pouvoir féminin et le pouvoir masculin.

Ces deux figures « pathologiques » du désir ne commencent pourtant à s'activer que sous le regard de Hold qui s'avère un vrai miroir magique où les figures du désir prennent corps et deviennent les figures d'une jouissance. La figure masculine devient presque le véritable objet d'une jouissance féminine. Et cela marque peut-être paradoxalement un désenchantement sensuel du monde. La sensualité aurait perdu à jamais sa poésie et cette sensualité désenchantée s'y réduit à une simple circulation de l'appropriation et de la désappropriation du sujet de désir. Et c'est peut-être pas en cela que se résume la critique que Duras opère du féminisme, du machisme et de toute sorte de sexisme.

Dans « *L'amante anglaise* », Duras continue à poursuivre l'analyse de la conscience réactive pour laquelle une décharge d'agressivité deviendrait le seul moyen de sortir de la folie d'un monde abandonné par les dieux. Ici se résument tous les motifs principaux de Duras : celui de la folie, celui d'une perte du dieu, celui de l'affectivité négative (la haine, l'irritation de l'héroïne envers sa cousine, son mari, ses voisins), celui d'une insatisfaction des hommes et des femmes dans le monde de leur consommation mutuelle. Car dans « *L'amante anglaise* », on voit Duras transformer l'absence du sujet de désir, qui s'avère un vrai symptôme de la post-modernité, en l'épreuve d'un manque de parole et de l'écoute des autres. Cette absence se cache dans le secret de celle ou de celui qui prétend susciter l'intérêt des interlocuteurs tout en en faisant sa jouissance. L'absence du sujet mène à faire l'expérience de l'*ersatz* absolu d'un meurtre dans le chamanisme contemporain culturel, social et politique, apparentée à la façon dont les personnages de Borges violent les interdits monothéistes pour pouvoir accéder à la perte gratifiante et sublime d'eux-mêmes qu'ils recherchent.

Borges considère, sans aucun doute, qu'une telle dynamique de la conscience symbolisante constitue le vrai sujet de sa critique intellectuelle et artistique. La conscience symbolisante est une conscience qui traduit ses propres réflexes dans les soi-disant ontologies naturelles, c'est-à-dire dans des projections transcendantales qui ne correspondent pas au sens de la réalité. Ces projections établissent l'identité de l'être et de la pensée, en donnant naissance aux attitudes naturelles de perception, de pensée et de l'action. Dès son plus jeune âge, le héros du récit : *Les tigres bleus* ressent un penchant naturel pour la contemplation des tigres. Il transforme cette inclination en un réflexe sublime de sa conscience, puis, en fait le projet même de sa recherche. Il surmonte les stéréotypes de la tradition littéraire (Blake, Kipling), qui reliait l'image du tigre aux forces négatives de l'être et part à la recherche de vrais tigres bleus.

Le bleu est une couleur qui n'existe que dans son imagination, car le héros voit les tigres bleus dans ses rêves. Ce n'est pas sans raison que Borges introduit dans le récit la fascination du héros pour des tigres bleus comme la première étape de l'évolution affective et réflexive de sa conscience symbolique. En fait, cette étape signifie un retour à la contemplation de l'animal totémique et de sa couleur intense, car le totémique symbolisait un remplacement du sacrifice humain et de l'anthropophagie qui étaient censés garantir la satisfaction des besoins essentiels du groupe ethnique. Le culte de l'animal totémique avait réglé ainsi les relations sociales au sein du groupe et à l'extérieur, du groupe avec le monde extérieur par le biais d'interdictions relatives à l'inceste et à la mise à mort de membres des tribus. Par conséquent, le culte totémique de Borges exprime un fantasme littéraire de l'identité de l'être et de la pensée, d'un stimulus et d'une réaction, le fantasme d'un stimulus, dont la perception sert en soi de réponse gratifiante de la nature à la conscience réactive.

Avec l'art de Llosa ainsi qu'avec celui de Duras et de Borges, on fait face à la transformation postmoderne de l'écriture phénoménologique où la position même du narrateur, qui réduit toutes les ontologies naturelles des personnages, s'avère mise en question. La finitude de l'Ego transcendantal qui se bloque dans une perception de ses propres reflets est à l'origine de la culture dite postmoderne. Le vrai but de celle-ci est de montrer un tableau du nihilisme européen, et donc, de l'action des réactivismes de toutes sortes et du même coup, de faire résonner l'insuffisance de celui ou de celle qui l'incarne.

Chapitre 10

La nature régulatrice dans l'écriture post-moderne

On voit naître le roman phénoménologique (Proust, Kafka, Gorki) comme une recherche du « temps perdu », c'est-à-dire d'une réduction phénoménologique indéfinie des attitudes naturelles comme modalités de réflexion sur la pensée et les comportements réactifs dont la violence irréfléchie omniprésente a envahi la réalité humaine. Le temps chez Proust[101] et Gorki[102] est une forme d'individuation et d'intériorisation indéfinies de la conscience intellectuelle et critique qui tente de réduire ses propres actes intentionnels, c'est-à-dire les effets de l'action des réflexes producteurs, en une simple contemplation de la changeabilité temporelle des choses du monde. Il devient donc une sorte de schéma de sensibilisation de la pensée où l'on fait abstraction des contenus objectivement vécus dans certains moments de la vie.

Le temps phénoménologigue se veut ainsi, on l'a vu, n'être qu'une durée pure, celle de l'action d'abstraire le caractère de flexibilité imprévisible des états du monde vital et culturel et de transformer le produit imaginé et

[101] Proust, M., *A la recherche du temps perdu.* Paris, Gallimard, 1981.
[102] Gorki, M., *La vie de Klim Sanguine.* Paris, Les éditeurs français réunis, 1949.

réfléchi de cette abstraction en un seul et unique objet de la jouissance spirituelle, l'objet de la jouissance auctoriale.

Cette arrogance réductionniste de l'ego transcendantal dans le roman phénoménologique se trouve destituée par le roman post-phénoménologique ou le roman post-moderne. Un exemple éminent de ce roman est le *Lard bleu* [103] (1999) de Vladimir Sorokine, qui nous ramène au futur de l'humanité. Le lard bleu est à la fois une matière grasse d'origine organique et une substance magique permettant de voyager dans le temps de l'histoire humaine et d'accéder à l'immortalité par l'effet de l'élixir de la vie éternelle.

Dans le roman, il y a une opposition conceptuelle entre une élite cosmopolite et une société archaïque. Etant un reflet « bouffon » de l'élite néo-libérale contemporaine, l'élite sorokinienne est en train de parler un mélange de russe, d'anglais et de chinois tout en jouissant de cloner les grands écrivains du passé pour leur faire produire des pastiches de l'œuvre littéraire de leurs modèles originaires. La qualité esthétique de ces modèles s'y mesure selon les degrés d'une impression technologiquement captée (un paramètre de *L'harmonie*).[104]

A cette élite cosmopolite s'oppose la société archaïque des « baiseurs de la terre », dans laquelle on peut voir une parodie poussée à l'extrême de toute sorte de nationalisme fondamentaliste, qui s'affirme comme l'idéologie de l'union « du sang et du sol ». Les agents du culte chtonien jouissent en utilisant sexuellement les trous d'un terrain pour intensifier leur force vitale. La société chtonienne a réussi à voler le lard bleu chez les cosmopolites et à le renvoyer, à travers un voyage dans le temps, dans la Russie stalinienne. Mais la Russie elle-même se trouve dans un temps imaginaire, dans une histoire possible et

---

[103] Сорокин, Владимир. *Голубое сало.* М., АСТ, 1999, 175 р.
[104] Ibid., p. 5

parallèle où il n'y aurait pas eu de Seconde Guerre mondiale car on la présume neutralisée par un pacte qui aurait eu lieu entre deux amis : Staline et Hitler.

Dans sa critique de la société néo-libérale qui a prétendu constituer le seul et unique modèle d'harmonie des humains avec eux-mêmes et avec le monde en la rendant possible et en la réalisant à partir de l'impératif de maximisation des profits et de minimisation d'efforts, Sorokine nous donne un tableau de transgression de tous les interdits, et plus particulièrement, des interdits sexuels, tandis qu'il entend, en même temps, se distancier de son geste critique. Staline et Khroushchiov sont des amants qui copulent dans une extase homosexuelle lors d'une scène quasi-pornographique. Vesta, la fille de Staline, est une adolescente nymphomane qui laisse ses gardes-officiers lui procurer des plaisirs intimes lors de son parcours vers l'école. Iakov et Vassiliy, les fils de Staline jouissent de draguer les officiers étrangers dans les restaurants de Moscou en se travestissant en putes.[105]

Akhmatova est une sainte-voyou qui accouche d'un œuf noir pour qu'un adolescent à cheveux roux (Jossip Brodski) puisse l'avaler comme matière magique de son inspiration poétique. Toute cette scénographie de transgression totale traduit un phantasme à la fois totalitaire et libérateur de la société contemporaine de consommation. Car cette société néo-libérale voudrait faire de l'homme, un animal d'adaptation irréprochable aux conditions de la demande et de l'offre en fétichisant les produits consommables et en permettant aux humains de se décharger de leurs instincts sexuels et de leurs pulsions d'agression. Elle leur permettrait ainsi de jouir de leur volonté de puissance au-delà du bien et du mal. Elle nous ferait jouir de notre outrance et de notre humiliation aussi

---

[105] Ibid., p. 96.

bien que de notre capacité à causer des souffrances et des privations à tous les autres.

A la fin du roman, Staline arrivera à se faire injecter le lard bleu directement dans son cerveau et celui-ci commence alors à se gonfler jusqu'aux limites du globe terrestre. Il finit par exploser et par engendrer le futur d'où cette matière magique avait été en fait envoyée. Dans ce futur, Staline deviendra le valet de chambre d'un représentant de l'élite cosmopolite qui cherche à briller dans son narcissisme pervers en portant dans ses sorties mondaines un habit fait entièrement des morceaux du lard bleu.[106] C'est ainsi que, dans une forme du kitsch absolutisé, se reflète l'idéologie nietzschéenne du retour éternel du même, c'est-à-dire de la force vitale où toutes les perspectives pour atteindre un bien commun dans l'histoire humaine sont dévalorisées. Le langage même de cette dévalorisation s'y dévalorise lui-même parce que la réalité humaine s'avère réduite à un jeu gratuit de forces de domination et de soumission sans même parvenir à connaître leur essence objective : dans un monde post-vérité absolue, un monde de *fake-news* morales et politiques.

Sorokine reproduit de cette façon une scénographie du nihilisme européen renfermé sur lui-même dans le but de transfigurer sa déconstruction en faisant jouir d'une seule et unique action consommatoire de la culture littéraire et de la pensée tout court. Le langage des perversions largement répandu dans le déploiement des motivations et des actions des personnages nous fait penser à l'économimésis de Derrida où l'esthétique classique de consommation du beau et du sublime, désirés comme effets de la moralité universelle et de la raison architectonique de l'univers par la conscience

[106] Ibid., p. 174.

réfléchissante, s'inverse et se renverse en se bloquant dans le dégoûtant et l'obscène.

Mais pour dépasser les modes classiques de cohérence ressentie entre les formes d'expression et des contenus moraux, est-il suffisant de projeter une anesthésie d'insatisfaction gratifiante de dégoût et de rejet dans les arts qui ne sont plus beaux ? Ne passe-t-on pas au même régime affectif et irréfléchi de la pensée dans cette jouissance négative du dégoûtant du seul fait qu'on reçoive cette dernière comme un certain effet de notre sensibilité réceptive qui s'infiltre alors à l'intérieur de l'esprit ? N'en revient-on pas à ce régime de pensée qui était déjà présent dans l'esthétique positive de la consommation du beau et du sublime ?

Sorokine sensibilise à l'indifférence de l'esthétique et de l'anesthétique en neutralisant le temps même du nihilisme européen et des modalités de son surmontement. Il le fait en opérant un auto-effacement de l'analyse critique des effets des motivations perverses dans l'horizon de l'attente post-moderne du sens. Dans le roman, c'est l'académicien, le prix Nobel Landaou qui prononce son discours sur les deux conceptions du temps : le fleuve d'Héraclite et les feuilles de chou.[107] Le fleuve d'Héraclite permet de se déplacer dans le courant profond du fleuve à tout moment de la totalité d'un temps qui ne cesse de passer. Les feuilles de choux nous laissent pénétrer dans les époques du passé, du présent et du futur repliées sur elles-mêmes à travers leurs états superposés.

Les deux mouvements du voyage dans le temps se présentent comme une enfilade de moments indifférents qui se réalisent du bas en haut, dans le fleuve, et du haut en bas, dans les feuilles de chou. Elles donnent l'illusion de deux conceptions différentes de la soi-disant diversité présente dans la prolifération des sciences naturelles, mais

---

[107] Ibid., p. 88.

elles versent dans une diversité culturelle aussi dérisoire que le sont le désir de Staline et celui de Khroushchiov : leur désir de faire élaborer aux physiciens soviétiques une seule et unique théorie du temps à la façon dont ils exercent leur pouvoir suprême dans la société totalitaire, se contentant de recevoir les stimulations les plus intenses de leur volonté de puissance et de se faire jouir des simples reflets de celle-ci à l'intérieur de leurs consciences réactives.[108]

Le mythe sublime de la prétendue liberté d'une recherche scientifique se base donc sur la même magie blanche qui nous fait attendre une réponse gratifiante de la part de la nature qui, seule, nous rend capables de confirmer ou contester une hypothèse proposée sur l'organisation de cette dernière. L'attente de cette réponse est de même nature que la jouissance de l'essence répugnante du pouvoir totalitaire et autoritaire qui s'est constituée à partir d'une transformation des effets des décharges affectives de la volonté de puissance en réflexes de conscience et en orientations aveugles de la pensée et de l'agir.

L'écriture romanesque de Sorokine nous dévoile ainsi comment, dans la culture littéraire, le temps passe de la continuité des moments abstraits présents dans la forme intuitive de notre conscience, à la forme de sa consommation déconstructive dans la prose nihiliste du monde post-moderne.

---

[108] Ibid., p. 101.

Bibliographie

1. Aristote. *Ethique à Eudème*, Rivages, 1993.
2. Aristote. *La Métaphysique*, Vrin, (2 vol. sous blister, annotés et commentés). – *Ethique à Nicomaque*, Pocket Editions, 2002.
3. Aristote. *Les Politiques*, Flammarion, 1999.
4. Aristote. *Physique*, Flammarion, 2001.
5. Aristote. *Poétique*, Gallimard, 1997.
6. Aristote. *Rhétorique*, Gallimard, 1998.
7.Badiou Alain. « Mathématiques et philosophie » in *Lieux et transformations de la philosophie*, Saint-Denis, PUV, 1991, p. 127-149.
8.Badiou Alain. *The subject supposed to be a Christian: On Paul Ricoeur's Memory, History, Forgetting.* Translated by Doyle, Natalie, Toscano, Alberto. The Bible and Critical Theory 2 (3), 2006, pp. 27.1-27.9.
9.Barthes R. *Le Plaisir du texte*. Paris, Flammarion, 1973.
10.Bataille G. *L'Expérience intérieure*. Paris, Gallimard, 1943.
11.Bataille Georges. *L'expérience intérieure.* Paris, Gallimard,1973.
12.Baudrillard J. *De la séduction*. Paris, Gallimard, 1977.
12.Baudrillard J. *L'Autre par lui-même*. Paris, Gallimard. 1987.
13.Baudrillard J. *L'Echange économique et la mort*. Paris, Plon, 1976.

14.Blanchot M. *L'espace littéraire.* Paris, Galimard, 1955, p. 96-98.
15.Buber M. *Je et Tu*, Paris, Aubier, 1981.
16.Cixous H. *Jour de l`an*. Paris, Des femmes, 1990.
17.Clark J. *The problems of fundamental ontology.* 2 vol. Toronto, 1971, 1973.
18.Cumming R.D. *Phenomenology and deconstruction.* Vol. 2. Chicago, 1992, 393p.
19.Dasture F. *La mort. Essai sur la finitude*. Paris, Hatier, 1994.
20.*Deconstruction : a critique* / Ed. by Rajntath Basingstoke. London,1989.
21.*Deconstruction and philosophy. The texts of J. Derrida*, Ed. by J. Sallis. Chicago, 1987.
22.Deleuze G. *Francis Bacon. Logique de la sensation.* Paris, Seuil, 2002.
23.Deleuze G. *La philosophie de Leibniz.* http://www.deleuze.com/php/texte?cle=47&groupe=Leibniz&langue=1.
24.Deleuze G. *Proust et les signes*. Paris, PUF, 1998.
25.Deleuze G., Guattari F. *Différence et répétition.* Paris, Gallimard.1963.
26.Deleuze G., Guattari F. *Kafka. Pour une littérature mineure*. Paris, Seuil, 1976.
27.Deleuze G., *Pourparlers*. Paris, Minuit, 1990.
28.Derrida J. *Adieu à Emmanuel Levinas.* Paris, Galilée.
29.Derrida J. *Apories.* Paris, Minuit, 1996.
30.Derrida J. « Avoir l'oreille de philosophie » in *Ecarts*, Quatre essais à propos de Jacques Derrida / Finas L., Kofman S., Laporte R., Rey J.-M., Paris, Flammarion, 1973, p. 301-302.
31.Derrida J., *D'un ton apocalyptique adopté naguère en philosophie*. Paris, Galilée, 1983.

32.Derrida J. *De l'esprit. Heidegger et la question*. Paris, Galilée, 1987.
33.Derrida J. *Des Tours de Babel (sur Walter Benjamin)* in *L'Art des confins*. Paris, PUF, 1985.
34.Derrida J. *Economimesis, Mimesis, Désarticulation*. Paris, Galilée,1987.
35.Derrida J. *Eperons*. Les styles de Nietzsche. Paris, Flammarion, 1978, 189 p.
36.Derrida J. *Feu la cendre*, Florence, Sansoni, 1984.
37.Derrida J. *L'Ecriture et la différence*. Paris, Seuil, 1967.
38. Derrida J., *L'Oreille de l'autre. Otobiographies, transferts, traductions*. Montréal, PUM, 1982.
39, Derrida J., *L'Origine de la géométrie de Husserl. Introduction et traduction*. Paris, PUF, 1962
40.Derrida J., *La Dissémination*. Paris, Seuil, 1972.
41.Derrida J., *La vérité en peinture*. Paris, Flammarion, 1978.
42.Derrida J., *La Voix et le phénomène*. Paris, Minuit, 1983.
43.Derrida J., *Le Monolinguisme de l'autre ou la prothèse d'origine*. Paris, Galilée, 1996.
44.Derrida J., *Le toucher* : *Jean-Luc Nancy*, Paris, Galilée. 2000.
45.Derrida J. *Limited Inc. a, b, c*. Baltimore, The John Hopkins University Press, 1977.
46.Derrida J. *Living on (Survivre)* in : *Deconstruction and Criticism*. Seabury Press, 1979.
47.Derrida J., *Marges - de la philosophie*. Paris, Minuit, 1972.
48.Derrida J., *Mémoires d`aveugle, l`autoportrait et autres ruines*. Louvre, Réunion Musées nationaux, 1990.

49.Derrida J., *Mémoires. Trois lectures pour Paul de Man.* New York, Columbia University Press, 1986.
50.Derrida J., *Otobiographie, L'enseignement de Nietzsche et la politique du nom propre*. Paris, Galilée, 1986.
51.Derrida J., *Parages,* Paris, Galilée, 1986.
52.Derrida J. *Passions*, Paris, Galilée, 1993.
53.Derrida J., *Point de folie – maintenant l`architecture /Psyché. Invention de l`autre*. Paris, Gallimard, 1987, p. 91-105.
54.Derrida J., *Positions*. Paris, Minuit, 1972.
55.Derrida J., *Psyche. Invention de l'autre*. Paris, Galilée, 1987.
56.Derrida J., *Résistances de la psychanalyse*. Paris, Galilée, 1996.
57.Derrida J., *Schibboleth. Pour Paul Celan.* Paris, Galilée. 1986.
58.Derrida J. *Signéponge.* Paris, Galilée,1978.
59.Derrida J., Stiegler B. *Echographies de la télévision.* Paris, Galilée, 1996.
60.Derrida J., *Du droit à la philosophie*. Paris, Galilée, 1987.
61.Derrida J., *Glas.* Paris, Galilée, 1974.
62.Descartes. *Abrégé de musique*, Paris, PUF, 2000.
63.Descartes. *Discours de la méthode*, Paris, Paléo, 2003.
64.Descartes. *Ecrits physiologiques et médicaux*, Paris, PUF, 2000.
65.Descartes. *Exercices pour les Eléments des Solides (De solidorum elementis)*, Paris, PUF, 2000.
66.Descartes. *La Morale*, Paris, Vrin, 1995.
67.Descartes, *La Querelle d'Utrecht*, Paris, Impressions nouvelles, 2001.
68.Descartes, *Le Monde*, Paris, Le Seuil, 1996.

69.Descartes, *Les Passions de l'âme*, Flammarion (GF), 2001.
70.Descartes, *Lettre préface des principes de philosophie*, Paris, Flammarion (GF), 1999.
71.Descartes, *Méditations métaphysiques*, Paris, Flammarion (GF), 1993.
72.Descartes. *Principes de Philosophie première*, Paris, Vrin, 1995.
73.Descartes. *Règles pour la direction de l'esprit*, Paris, Le Livre de Poche, 2002.
74.Diderot Denis. *Les Bijoux indiscrets* in *Œuvres complètes.* Texte établi par J. Assézat et M. Tourneux, Garnier, 1875-77, IV, p. 255 sv.
75.Diderot Denis. *Lettre sur les aveugles à l'usage de ceux qui voient* in *Œuvres complètes*, Texte établi par J. Assézat et M. Tourneux, Paris, Garnier, 1875-77, T.I, pp. 279-342.
76.Diderot, Denis. *Bijoux indiscrets.* Paris, Folio classique. Gallimard, 1981, 384 p.
77.Dostoïevski F. M., *Crime et Châtiment.*Trad. Victor Derély. Paris, Plon, (1884), 2009.
78.Dostoïevski F. M., *Journal d'un écrivain.* Trad. par J.-W. Bienstock et J.-A. Nau, Paris, Charpentier, 1904, p. 593-604.
79.Fichte I.G., *Fondement du droit naturel, selon les principes de la doctrine de la science*, Paris, PUF, 2000.
80.Fichte I.G., *La destination de l'homme*, Paris, Flammarion (GF), 1999.
81.Fichte I.G., *Le système de l'éthique*, Paris, PUF, 2000.
82.Fichte I.G. *Méditations personnelles sur la philosophie élémentaire*, Paris, Vrin, 1999.
83.Fichte I.G., *Nouvelle présentation de la doctrine de la science*, Vrin, 1999.

84.Fichte I.G., *Rapport clair comme le jour sur le caractère propre de la philosophie nouvelle*, Paris, Vrin, 1999.
85.Fichte I.G., *Revendication de la liberté de penser*, Paris, Le Livre de poche, 2003.
86.Fichte I.G. *Théorie de la science*, Paris, Aubier, 2001.
87.Gadamer Hans-Georg. *Vérité et Méthode*, Paris, Seuil, 1996, 502 p.
88. Gagnebin Jeanne Marie. *La mémoire, l'histoire, l'oubli* (version française du texte présenté le 4/09/2008 à l'Unicamp, Universidade Estadual de Campinas, Brésil) //http://www.fondsricoeur.fr/uploads/medias/espace_chercheurs/memoirehistoireooubli.pdf.
89.Goethe. *Affinités électives.* Ed. Rencontres, Lausanne, 1968. 567 p.
90.Gorki, M., *La vie de Klim Sanguine.* 4 vol. Paris, Les éditeurs français réunis, 1949.
91.Gorki, M., *La vie de Klim Sanguine.* Paris, Les éditeurs français réunis, 1949.
92.Gorki, M., *La vie de Klim Sanguine.* Paris, Les éditeurs français réunis, 1949.
93.Heidegger M., *Der Ursprung des Kunstwerkes* in: Raboti razhikh let / trad. A.V.Mikhailov. Moscva : Gnozis, 1993, S. 47-120.
94.Hegel G.F.W., *Des manières de traiter scientifiquement du droit naturel*, Paris, Vrin.
95.Hegel G.F.W. *Ecrits sur la religion*, Paris, Vrin, 2001.
96.Hegel G.F.W., *Encyclopédie des sciences philosophiques*, Paris, Vrin, 2002.
97.Hegel G.F.W., *La différence entre les systèmes philosophiques de* Fichte *et de Schelling*, Paris, Vrin,1986.
98.Hegel G.F.W., *Le savoir absolu*, Paris, Aubier, 2001.
99.Hegel G.F.W., *Leçons sur la philosophie de la religion*, PUF, 2 vol. : I. – *Cours d'esthétique*, Aubier, 3 vol. -

Introduction à l'esthétique, Paris, Flammarion (Champs), 1998.
100.Hegel G.F.W., *Leçons sur les preuves de l'existence de Dieu*, Paris, Aubier, 1998.
101.Hegel G.F.W., *Leçons sur l'histoire de la philosophie*, Paris, Gallimard (Folio), 2 vol.
102.Hegel G.F.W., *Phénoménologie de l'esprit,* Paris,
103.Gallimard (Folio), 2002.
104.Hegel G.F.W., *Système de la vie éthique*, Payot, 1992.
105.Hegel G.F.W., *Principes de la philosophie du droit*, Paris, PUF, 2003.
106.Hegel, G. W. F., *La phénoménologie de l'esprit*. Paris, Gallimard, 1991.
107.Heidegger M. *Chemins qui ne mènent nulle part*. Paris, Gallimard, 1992.
108.Heidegger M., *Der europaeische Nihilismus*. Tübingen, Mohr, 1967.
109.Heidegger M., *Der Spruch des Anaximander* in *Holzwege*, Frankfort sur le Main, Klostermann, 1957, p. 28-79.
110.Heidegger M., *Die Frage nach der Technik* in *Die Künste im technischen Zeitalte*r. Münich, 1954, p. 70-109.
111.Heidegger M., *Die Grundbegriefe der Metaphysik (Welt-Endlichkeit-Einsamkeit)* in *Gesamausgabe*, 2 Abteilung : Vorlesungen 1923-1944, Tomes 29/30. Frankfort sur le Main, Klostermann, 1983.
112.Heidegger M., *Die Kunst und der Raum*, Sankt Gallen, Erker, 1969.
113.Heidegger M., *Die Platos Lehre von der Wahrheit* in *Existenz und Ordnung*, Frankfort sur le Main, Klostermann. 1962, p. 217-245.
114.Heidegger M., *Die Technik und die Kehre*. Pfüllingen, Neske, 1962, p. 32-47.
115.Heidegger M., *Einführung in die Metaphysik*. Tübingen, Neske, 1962.

116.Heidegger M., *Etre et temps*. Trad. Fr. Vezin, Paris, Gallimard, 1986.
117.Heidegger M., *Gelassenheit*, Pfüllingen, Neske, 1959.
118.Heidegger M., *Hegel und die Griesche* in *Die Gegenwart der Grieschen im neueren Denken*, Tübingen, Mohr, 1960, p. 43-57.
119.Heidegger M., *Identität und Differenz*, Pfullingen, Neske, 1978.
120.Heidegger M., *Kant und das Problem der Metaphysik*. Frankfurt s/Main, Klostermann, 1973.
121.Heidegger M., *Nietzsche.* 2 Tomes, Pfüllingen, Neske, 1961.
122.Heidegger M., *Platons Lehre von der Wahrheit. Mit einem Brief über den Humanismus*, Berne, 1947.
123.Heidegger M., *Sein und Zeit,* Tübingen, Max Niemeyer Verlag, 1986.
124.Heidegger M., *The basic problems of phenomenology*. Bloomington. 1982.
125.Heidegger M., *Unterwegs zur Sprache,* Pfüllingen, Neske, 1959.
126.Heidegger M. *Vom Wesen der Wahrheit,* Frankfort s/M, Klostermann, 1961.
127.Heidegger M., *Vorträge und Aufsätze,* Pfullingen, Neske, 1954, p. 129-143.
128.Heidegger M., *Wegmarken.* Frankfort s/M, Klostermann, 1978, 445 S.
129.Heidegger M., *Zeit und Sein in: Zur Sache des des Denkens*. Tübingen, Max Niemeyer, 1969, S.1-25.
130.Husserl E., *Idées directrices pour une phénoménologie*, Paris, 1995.
131.Husserl E., *Zur Phänomenologie des inneren Zeitbewusstseins*, Husserliana Tome 10, Kluwer Academic Publishers, 1969.
132.Jankélévitch V., *Ironie ou la bonne conscience*. Paris, PUF, 1950.

133.Kant E., *Anthropologie*, Paris, Flammarion, 2001.
134.Kant E., *Considérations sur l'optimisme*, Paris, Vrin 1999.
135.Kant E., *Critique de la faculté de juger*, Paris, Aubier, 2001.
136.Kant E., *Critique de la raison pratique*, Paris, PUF, 2003.
137.Kant E., *Critique de la raison pure*, Paris, PUF, 2001.
138.Kant E., *Fondements de la métaphysique des moeurs*, Le Livre de Poche, 1993.
139.Kant E., *La fin de toutes choses*, Arles, Actes Sud, 1999.
140.Kant E., *Le jugement esthétique*, Paris, PUF, 2000.
141.Kant E., *Observations sur le sentiment du beau et du sublime*, Paris, Flammarion, 2001.
142.Kant E., *Pour la paix perpétuelle*, Le Livre de Poche, 2002.
143.Kant E., *Prolégomènes à toute métaphysique future qui pourra se présenter comme science*, Paris, Vrin, 1994.
144.Kant E., *Recherches sur l'évidence des principes de théologie naturelle et de la morale*, Paris, Vrin, 2000.
145.Kant E., *Théorie et pratique d'un prétendu droit de mentir*, Paris, Flammarion, 1993.
146.Kristeva J., *Le temps sensible. Proust et l`expérience littéraire*, Paris, Gallimard, 1994.
147.Kundera M., *Une rencontre*. Paris, Gallimard, 2009.
148.Lacan J., *Ecrits*, Paris, Gallimard, 1966.
149.Lacan J., *Le séminaire. Livre 7. L'éthique de la psychanalyse* Paris, Seuil, 1986.
150.Levinas E., *Dieu, la mort et le temps*. Paris, Flammarion, 1993.
151.Lyotard J.-F., L'*économie libidinale*. Paris, Minuit, 1974.
152.Lyotard J.-F., *Le différend*, Paris, Minuit, 1983.

153.Lyotard J-Fr., *La Condition postmoderne*, Paris, Minuit, 1979.
154.Marion J.-L., *Réduction et donation : Recherches sur Husserl, Heidegger et la phénoménologie*, Paris, 1989.
155.Nancy J.-L. *Dies illa : d`une fin à l`infini, ou de la création. J.-F.Lyotard. L`exercice du différend*, Paris, PUF, 2001.
156.Nancy J-L., *La Pensée finie*, Paris, Minuit, 1989.
157.Nietzsche F., *La Volonté de Puissance*. Paris, Librairie Générale Française, 1991.
158.Panov S., *Russian Literary Culture : Judaic Prosopopoeia, Romantic Shamanism and a Republican Totem* [Panov S. *La culture littéraire russe : prosopopée judaïque, chamanisme romantique et le totème républicain.* Synthèse] in : Russian Classical Literature Today: The Challenges/Trials of Messianism and Mass Culture. Edited by Yordan Lyutskanov, Hristo Manolakev and Radostin Rusev. Cambridge Scholars Publishing, 2014. p.163-173.
159.Panov S., *La littérature russe et le pouvoir après la Révolution d'Octobre* in Actes du colloque de l' A.I.C.L *L'écrivain et le prince, aujourd'hui* (Littérature et pouvoir) (sur les rapports entre l'écrivain et le pouvoir entre le XVIIIème et le XXIème siècles). Possonière, France, 2014. p. 30-40.
160.Panov S., *Le développement de la littérature russe dans l'horizon de la prosopopée judéo-chrétienne* in *L`art comme figure du bonheur. Traversées transculturelles,* Actes du colloque international, Paris, Saint-Denis, 2014. p.343-363.
161.Panov S. *La critique russe dans la spatio-temporalité* (monographie). Dir. Fr.-G. Theuriau, Tours, Antibes, 2015, 25 p.
162.Panov S., *Shakespeare et la poétique de l'expérimentation : réflexion chronique et imaginaire*

littéraire in *La dimension mondiale de William Shakespeare.* Actes du colloque de la Riche. Ed. Nicole Vaillant, 2016. p. 163-168.
163.Panov S., *Tolsloï et Dostoïevski : poétique du dialogue et figures idéologiques*in Bulletin de l' A.I.C.L *Les eaux vives*, №5, Possonière, Ed. Nicole Vaillant, 2017. p. 47-63.
164.Platon, *Apologie de Socrate*, Paris, Flammarion (GF), 1999.
165.Platon, *Charmide*, Paris, Mille et Une Nuits, 2002.
166.Platon, *Cratyle*, Paris, Flammarion (GF), 2001.
167.Platon, *Euthydème*, Paris, Flammarion, 2001.
168.Platon, *Gorgias*, Paris, Nathan, 2003.
169.Platon, *La République*, Paris, Flammarion (GF), 2002.
170.Platon, *Le Banquet*, Paris, Flammarion (GF), 2001.
171.Platon, *Le Sophiste*, Paris, Flammarion (GF), 2001.
172.Platon, *Les Lois*, Paris, Gallimard (Folio), 1997.
173.Platon, *Ménon*, Paris, Bréal, 2000.
174.Platon, *Phédon*, Paris, Flammarion (GF), 1999.
175.Platon, *Phèdre*, Paris, Flammarion (GF), 1999.
176.Platon, *Philèbe*, Paris, Flammarion (GF), 2002.
177.Platon, *Protagoras*, Paris, Flammarion (GF), 2001.
178.Platon, *Théétète / Parménide*, Paris, Flammarion (GF), 2001.
179.Platon, *Timée / Critias*, Paris, Flammarion (GF), 2001.
180.Poulain J., *De l'homme. Eléments d`anthropobiologie philosophique du langage*, Paris, Cerf, 2001.
181.Poulain J., *L'injustice capitaliste et la justice du jugement* in *Qu'est-ce que la justice ? La justice devant l`autel de l`histoire*. Saint-Denis, PUV, 1994. P. 75-95.
182.Poulain J., *L'âge pragmatique ou l'expérimentation totale*, Paris, Harmattan, 1991.
183.Poulain J., *Les possédés du vrai*, Paris, Cerf, 1998.

184.Poulain J., *La loi de la vérité : les catastrophes pragmatiques de la parole et la révolution philosophique du jugement* in *Lieux et transformations de la philosophie*, Saint-Denis, PUV, 1991, p. 45-81.

185.Poulain J., *La métaphysique métapsychologique de la pragmatique et l`ontologie du jugement* in *Sémiotiques*, №2, Paris, 1992. p. 37-65.

186.Poulain J., *Le jugement de vérité dans les actes de paroles* in *Sémiotiques*, №10, P., 1996. p. 60-86.

187.Poulain J., *Mondialisations culturelles et dialogue transculturel* in philochat.blogspot.com/2008/11/jacques-poulain.html.

188.Proust, M., *A la recherche du temps perdu,* Paris, Gallimard, 1981.

189.Proust, M., *Le temps retrouvé,* Paris, Gallimard, 1927.

190.Rancière J., *Les noms de l'histoire. Essai de poétique du savoir*, Paris, 1991.

191.Rancière J., *Politique de la littérature*, Paris, Gallimard, 2007.

192.Rapoport N., *Heidegger and Derrida: Reflexions on the time and language,* Londres, Lincoln, 1989.

193.Reagan C., *Réflexions sur l'ouvrage de Paul Ricœur* : *La Mémoire, l'histoire, l'oubli*, in *Transversalités* 2008/2 (N° 106), p. 165-176.

194.Ricœur P., *Philosophie de la volonté,* Paris, Aubier, 1949.

195.Ricœur P., *Temps et récit,* Tome 3, Paris, Seuil, 1985.

196.Rouger F., *Finitude et ipséité : Essais de pluralisme ontologique*, Lille, 1980.

197.Rousseau, J.-J., *Rêveries d'un promeneur solitaire,* Paris, *Livres de poche*, 2001.

198.Sartre J-P., L'*être et le néant : Essais d'ontologie phénoménologique*, Paris, Galilée, 1966.

199.Schelling F.W.J., *Exposition de mon système de la philosophie, sur le vrai concept de la philosophie de la nature*, Paris, Vrin, 2000.
200.Schelling F.W.J., *Introduction à la philosophie de la mythologie*, Paris, Gallimard, 1998.
201.Schelling F.W.J., *Introduction à la philosophie*, Paris, Vrin, 1996.
202.Schelling F.W.J., *Introduction à l'esquisse d'un système de philosophie de la Nature*, Paris, Le Livre de Poche, 2001.
203.Schelling F.W.J., *Leçons inédites sur la philosophie mythologique*, Paris, Jérôme Millon, 1998.
204.Schelling F.W.J., *Les âges du monde*, Paris, Aubier, 2001.
205.Schelling F.W.J., *Philosophie de la mythologie*, Paris, Jérôme Millon, 1992.
206.Schelling F.W.J., *Philosophie de la révélation*, Paris, (3 vol.), PUF, 2002.
207.Schelling F.W.J., *Philosophie de l'art*, Paris, Jérôme Millon, 1999.
208.Schelling F.W.J., *Contribution à l'histoire de la philosophie moderne*, Paris, PUF, 2000.
209.Schopenhauer A., *Aphorismes sur la sagesse dans la vie.* Trad. Cantacuzène, Paris, Felix Alcan, 1897.
210.Schopenhauer A. *La Quadruple Racine du principe de raison suffisante*. trad. franç. de Cantacuzène, Paris, 1882.
211.Schopenhauer A., *Les Deux Problèmes fondamentaux de la morale : Essai sur le libre arbitre et le Fondement de la morale*, Paris, Alcan, 1888.
212.Schopenhauer A., *Le monde comme volonté et comme représentation.* trad. Bardeau, 3 vol. Paris, Felix Alcan, 1912.
213.Schopenhauer A., *Parerga und Paralipomena.* Paris, Felix Alcan, 1911, 2 vol.

214.Schopenhauer A., *Pensées et fragments*, Trad. Bardeau. Paris, 1898.
215.Schopenhauer A., *Über den Willen in der Natur*. Francfort s/Main, 1854.
216.Sénèque. *Consolation à Helvia ma mère*, Paris, Mille et une Nuits, 2003.
217.Sénèque. *De la constance du sage, suivi de la tranquillité de l'âme*, Paris, Gallimard, 2003.
218.Sénèque, *De la Providence, de la Constance du Sage,* Flammarion, 2003.
219.Sénèque. *La Tranquillité de l'âme*, Paris, Mille et une Nuits, 2003.
220.Sénèque. *La vie Heureuse* et *les Bienfaits*, Paris, Gallimard (Tel), 1996.
221.Sénèque, *Lettres à Lucilus*, Paris, Mille et une Nuits, 2002.
222.Sénèque, *L'Homme apaisé, Colère et Clémence*, Paris, Arléa, 1995.
223.Sénèque, *Sentences, divisions et couleurs des orateurs et des rhéteurs*, Paris, Aubier, 1993.
224.Sénèque, *Sur la brièveté de la vie*, Paris, Mille et une Nuits, 1998.
225.Sénèque, *Médée*, Paris, Flammarion, 1999 ;
226.Sénèque, *Théâtre complet*, Imprimerie nationale, 1991-92, 2 vol. I - *Phèdre, Thyeste, Les Troyennes, Agamemnon*, II - *Hercule furieux, Hercule sur l'Oeta, Les Phéniciennes. Ouvrages de Sénèque, L'Apocoloquintose du Divin Claude,* Les *Questions naturelles*, 2 vol. Les Belles Lettres (Série latine), 1967.
227.Shakespeare W. *Hamlet* (Arden Shakespeare: Third Series), 2009, p.56.
228.Shakespeare W., *King Lear,* Londres, (Arden Shakespeare: Third Series), 2009.
229.Shakespeare, W., *Hamlet.* Paris, Livres de poche. 1978.

230.Spinoza, B., *Œuvres*, Paris, Flammarion (GF), 1993, 4 vol. : I - *Traité de la réforme de l'entendement*, II - *Traité théologico-politique*, III -*Ethique*, IV -*Traité politique, lettres*. - Spinoza, B. *Œuvres complètes*, Paris, Gallimard (La Pléiade), 1955.
231.Spinoza, B., *Sur la liberté politique*, Paris, Hachette, 1996.
232.Spinoza, B., *Traité de la réforme de l'entendement*, Paris, Flammarion (GF), 2003.
233.Tolstoï L., *Guerre et Paix*, trad. I. Paskévitch, 4 tomes. Paris, Hachette, 1901.
234.Tolstoï L., *Ma religion*, trad. L. Ouroussoff, 1885, - alias *Quelle est ma foi ?*). Paris, 1884.
235.Tolstoï L., *Résurrection.* Tr. de Wyzewa, Paris, Perrin, 1900.
236.Tolstoï L., *Anna Karénine.* Ebooks libres et gratuits. 2006.
237.Voltaire, *Contes philosophiques*. Paris, Nelson, 1936.
238.Wittgenstein L., *Leçons et conversations*. Paris, Gallimard, 1995.
239.Wittgenstein L., *Logische-philosophische Abhandlung* in : Работы.Ч 1.Munich, Gnozis, 1994.

Table des matières

Structures éditoriales du groupe L'Harmattan

L'Harmattan Italie
Via degli Artisti, 15
10124 Torino
harmattan.italia@gmail.com

L'Harmattan Hongrie
Kossuth l. u. 14-16.
1053 Budapest
harmattan@harmattan.hu

L'Harmattan Sénégal
10 VDN en face Mermoz
BP 45034 Dakar-Fann
senharmattan@gmail.com

L'Harmattan Cameroun
TSINGA/FECAFOOT
BP 11486 Yaoundé
inkoukam@gmail.com

L'Harmattan Burkina Faso
Achille Somé – tengnule@hotmail.fr

L'Harmattan Guinée
Almamya, rue KA 028 OKB Agency
BP 3470 Conakry
harmattanguinee@yahoo.fr

L'Harmattan RDC
185, avenue Nyangwe
Commune de Lingwala – Kinshasa
matangilamusadila@yahoo.fr

L'Harmattan Congo
219, avenue Nelson Mandela
BP 2874 Brazzaville
harmattan.congo@yahoo.fr

L'Harmattan Mali
ACI 2000 - Immeuble Mgr Jean Marie Cisse
Bureau 10
BP 145 Bamako-Mali
mali@harmattan.fr

L'Harmattan Togo
Djidjole – Lomé
Maison Amela
face EPP BATOME
ddamela@aol.com

L'Harmattan Côte d'Ivoire
Résidence Karl – Cité des Arts
Abidjan-Cocody
03 BP 1588 Abidjan
espace_harmattan.ci@hotmail.fr

Nos librairies en France

Librairie internationale
16, rue des Écoles
75005 Paris
librairie.internationale@harmattan.fr
01 40 46 79 11
www.librairieharmattan.com

Librairie des savoirs
21, rue des Écoles
75005 Paris
librairie.sh@harmattan.fr
01 46 34 13 71
www.librairieharmattansh.com

Librairie Le Lucernaire
53, rue Notre-Dame-des-Champs
75006 Paris
librairie@lucernaire.fr
01 42 22 67 13

Made in the USA
Las Vegas, NV
08 November 2024

11382198R00115